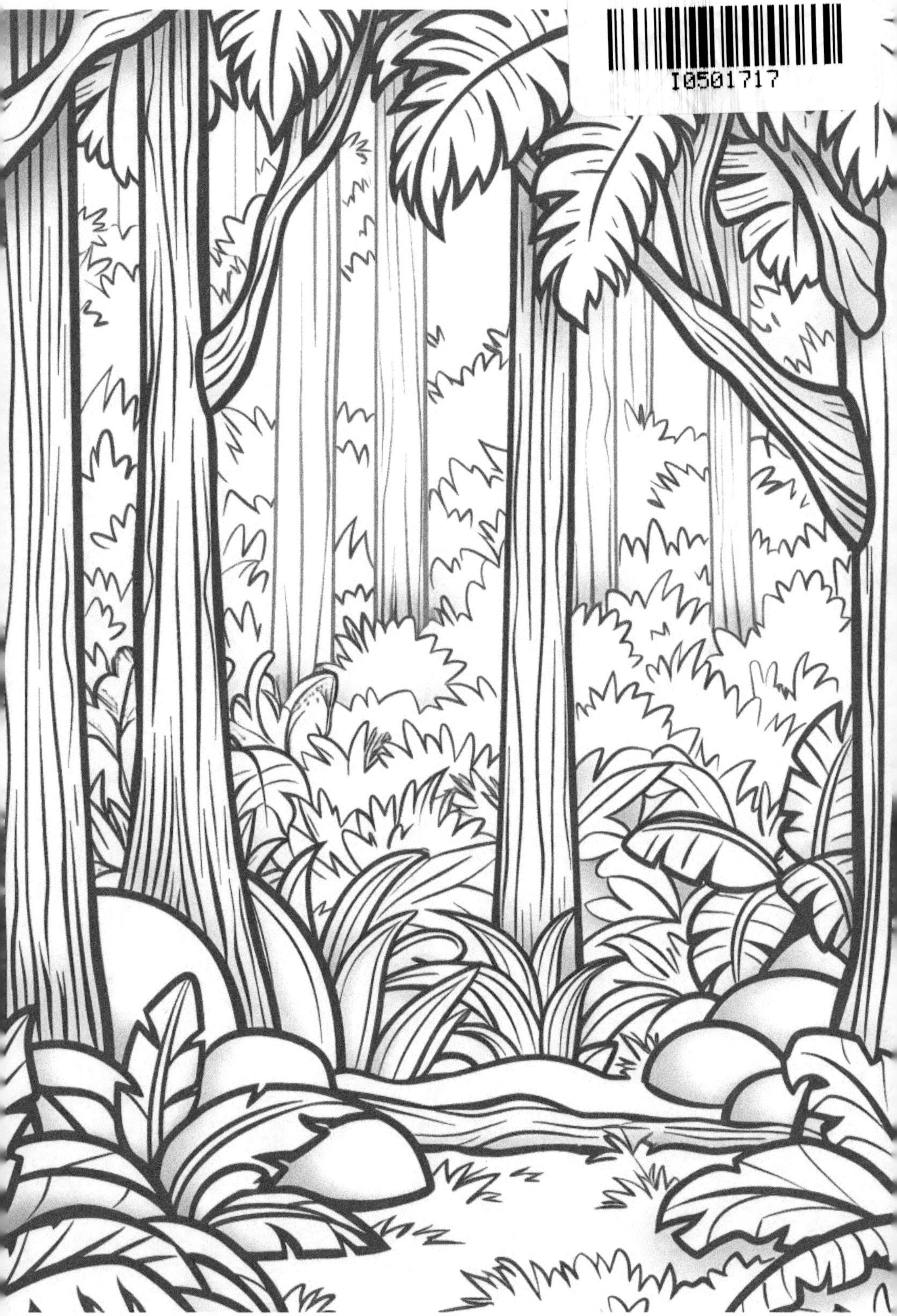

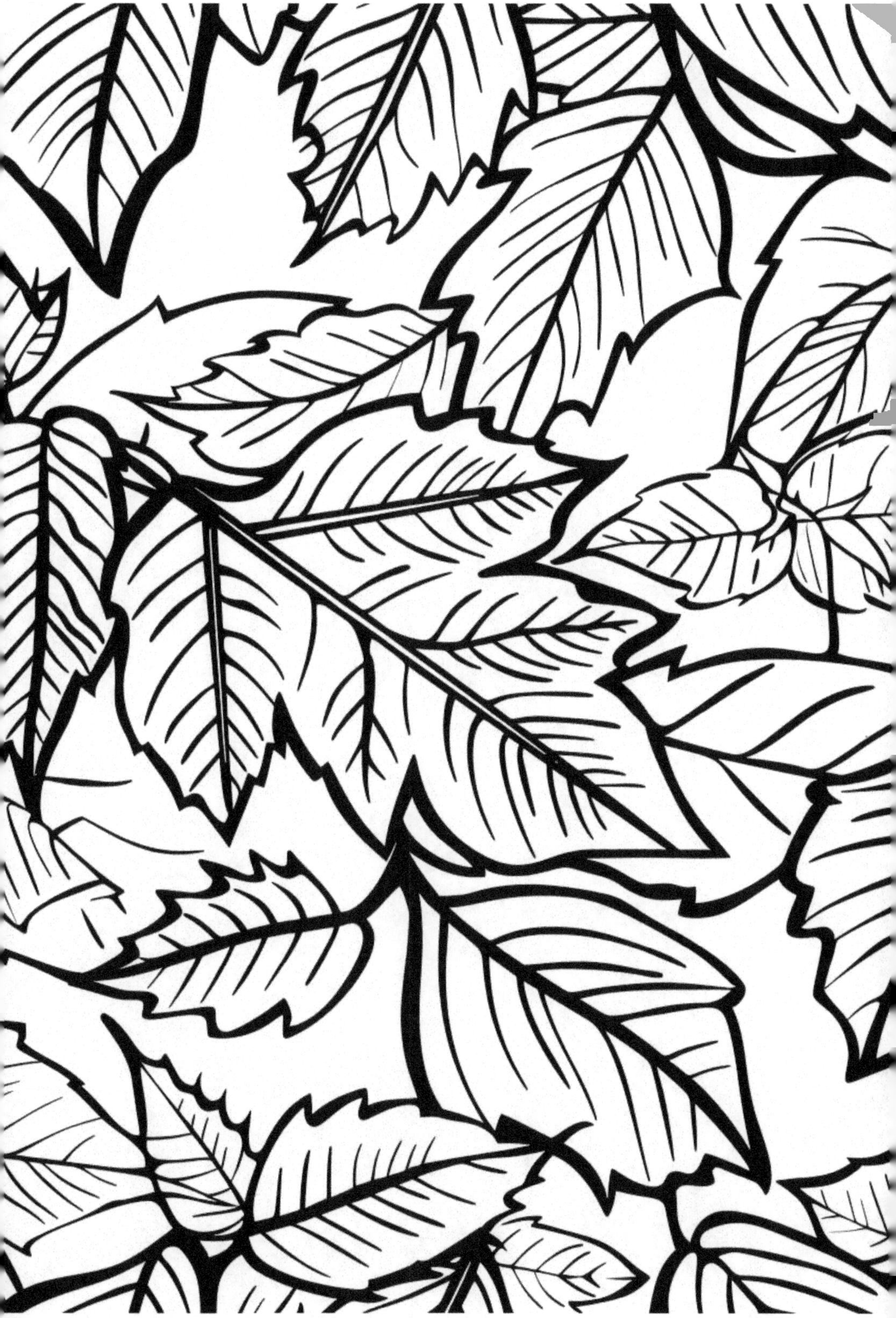

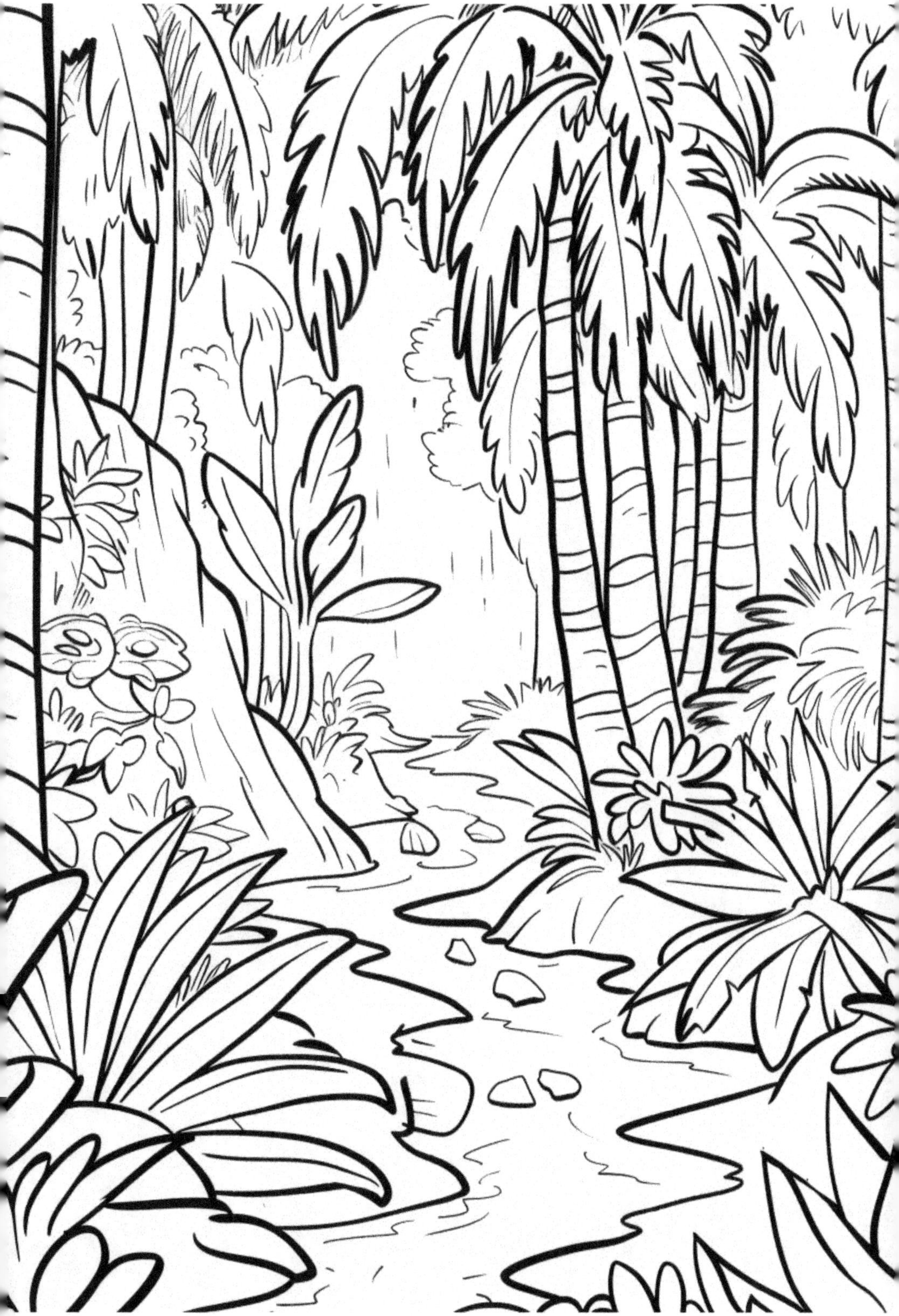

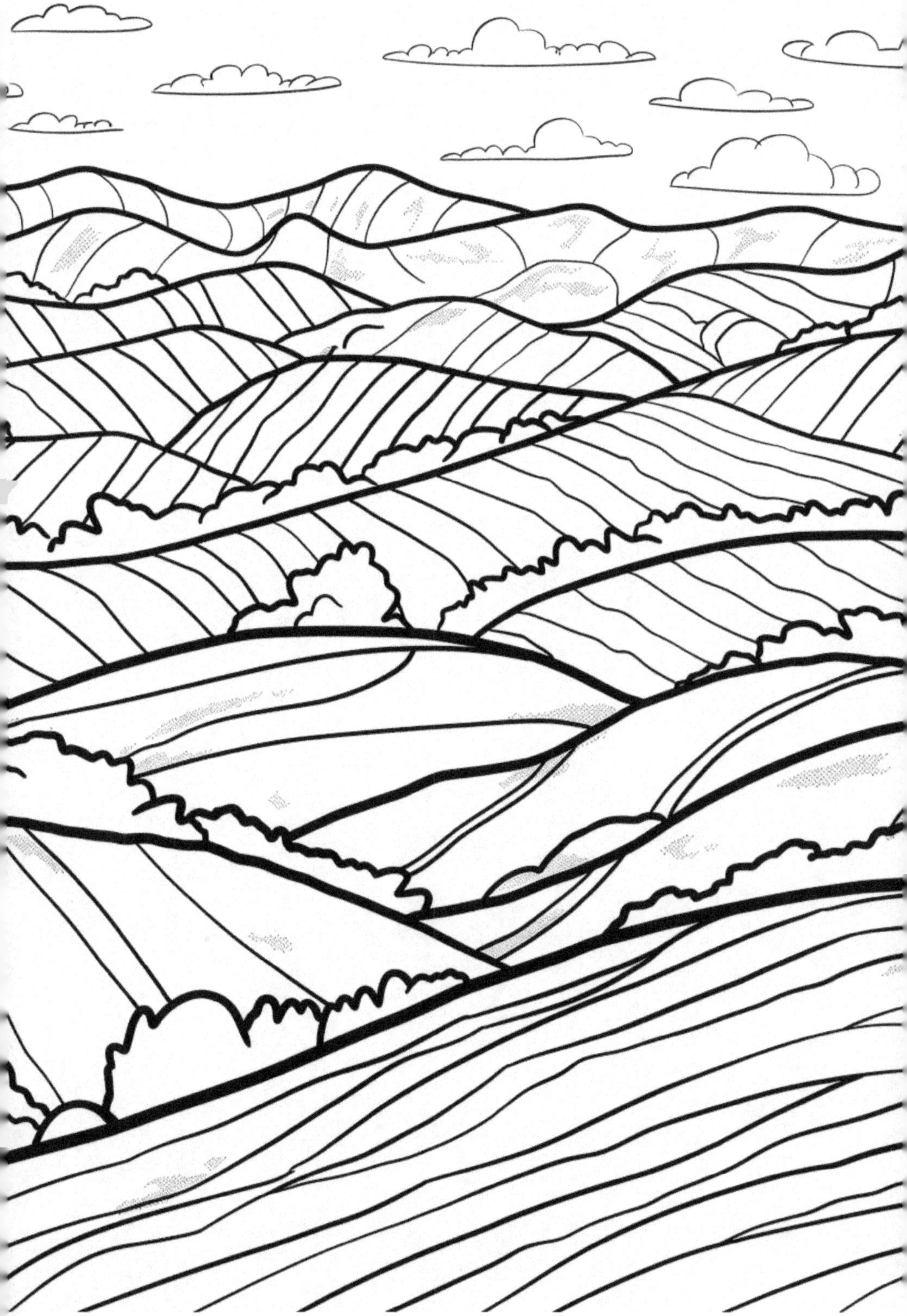

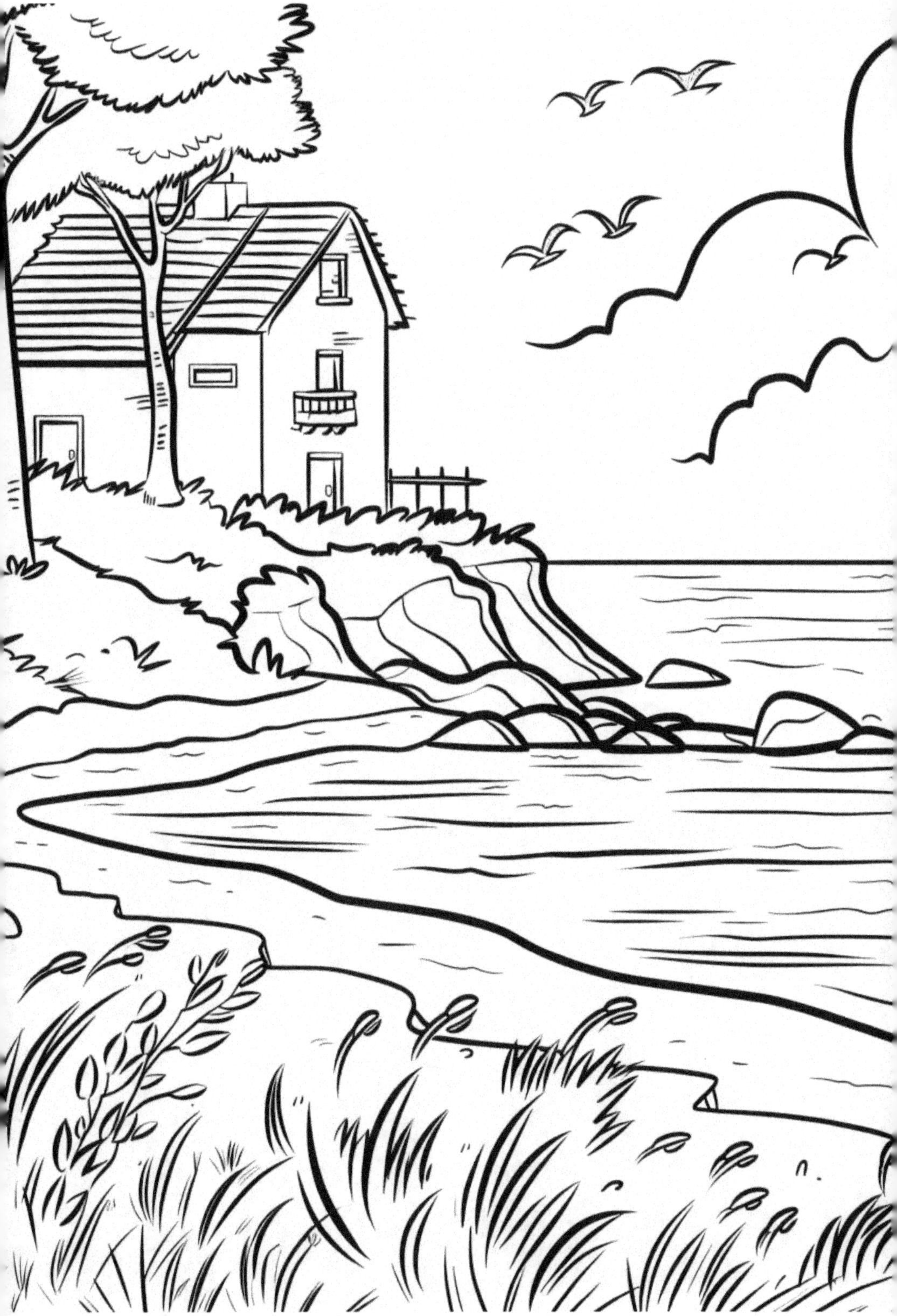

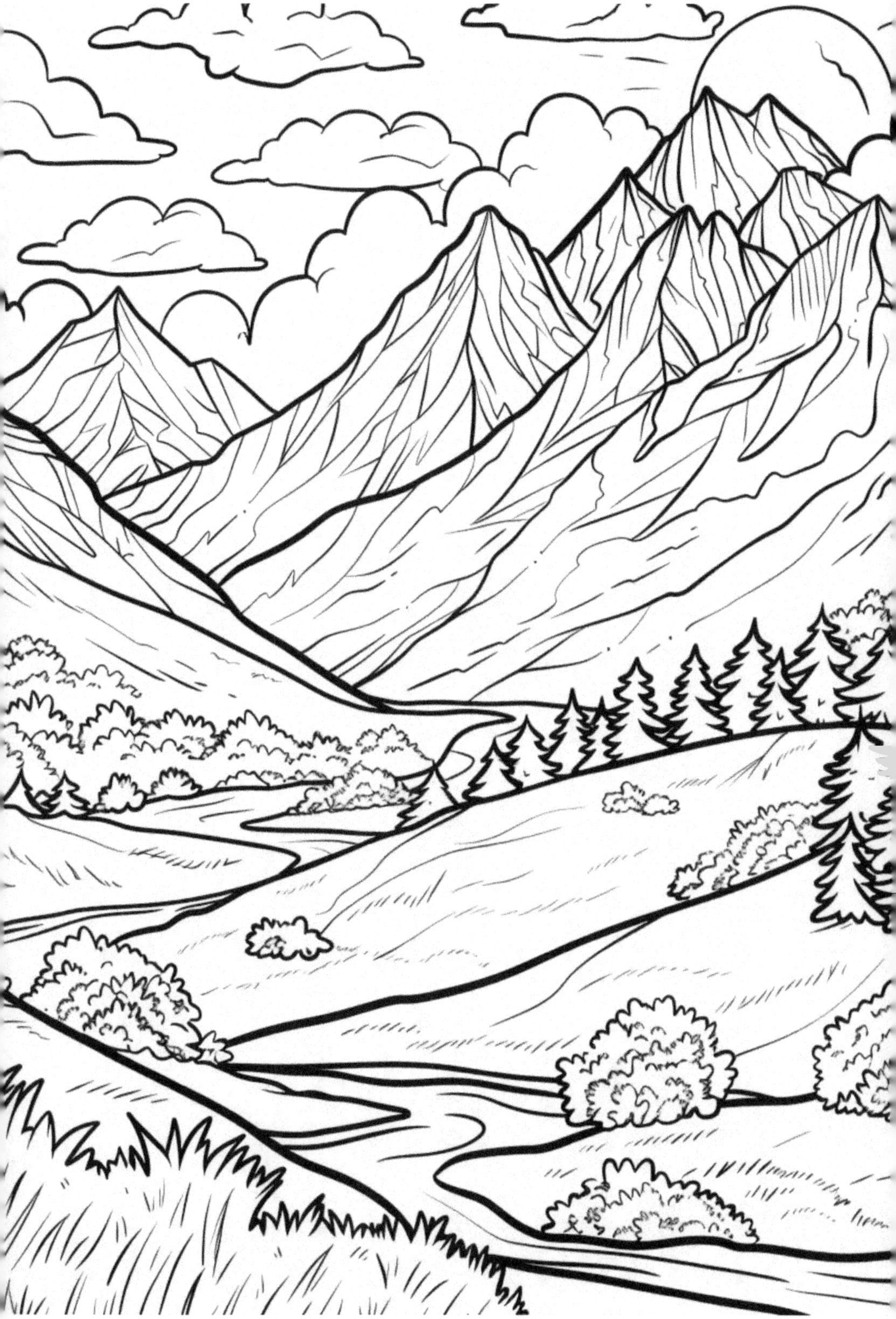

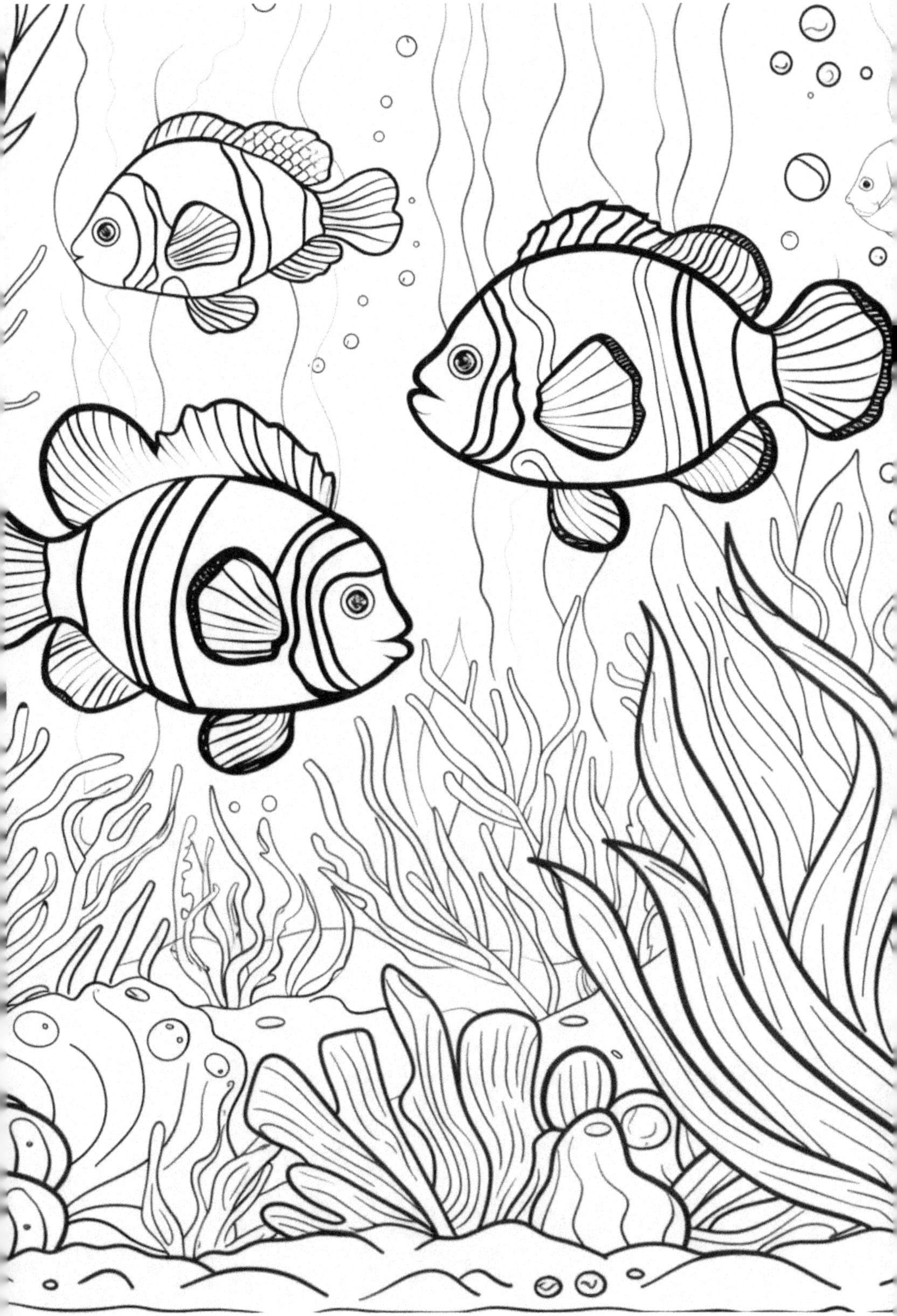

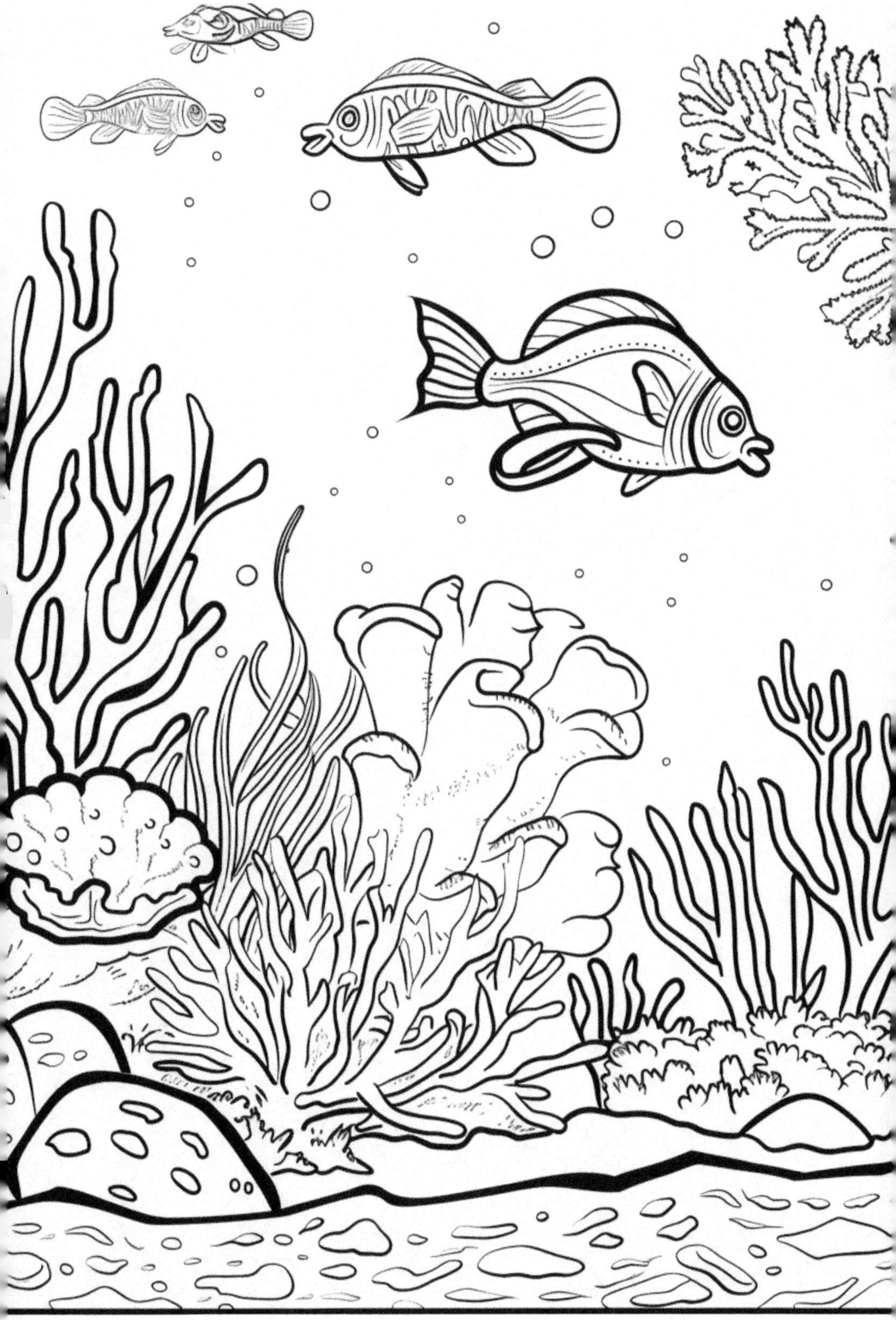

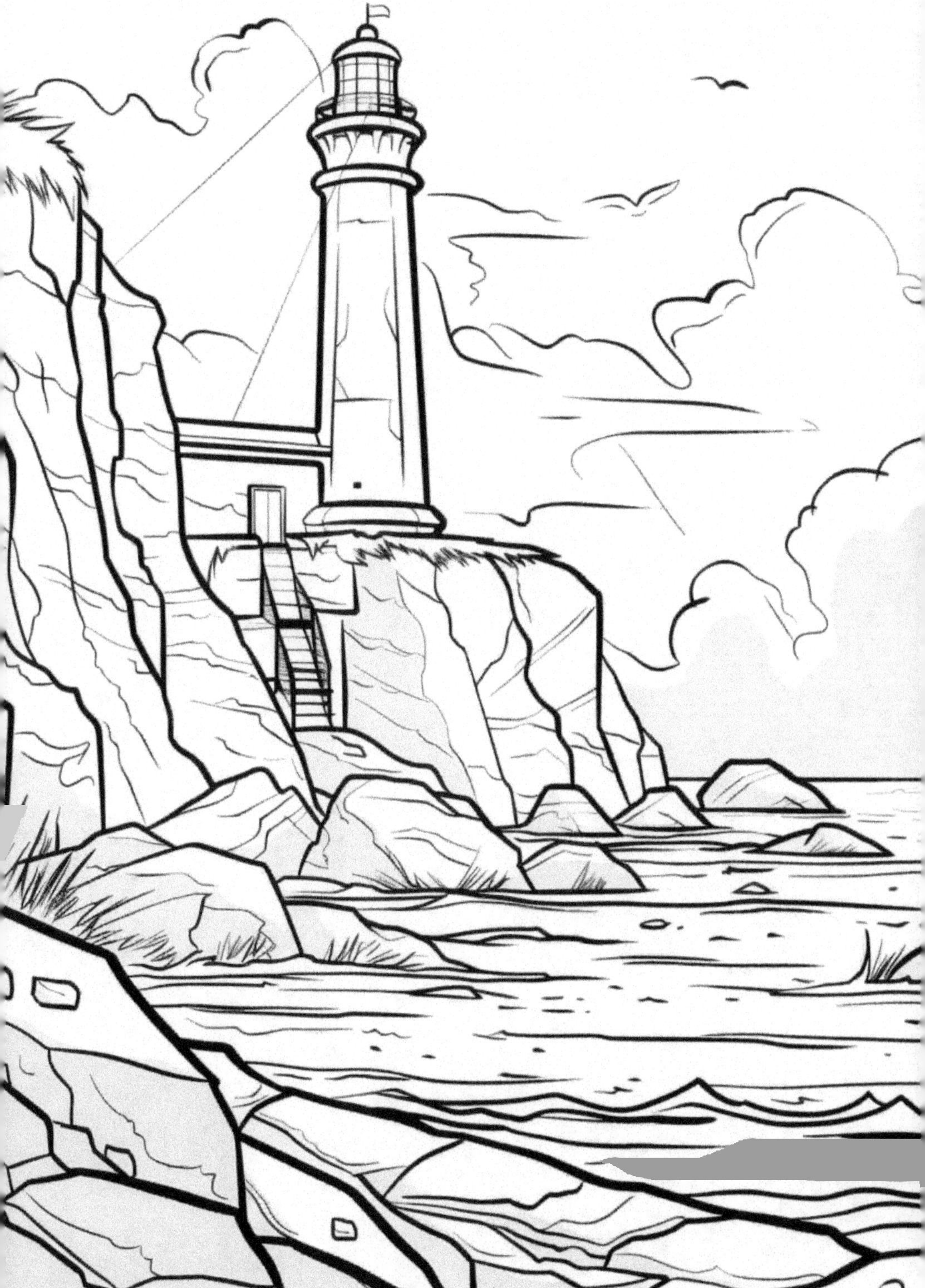

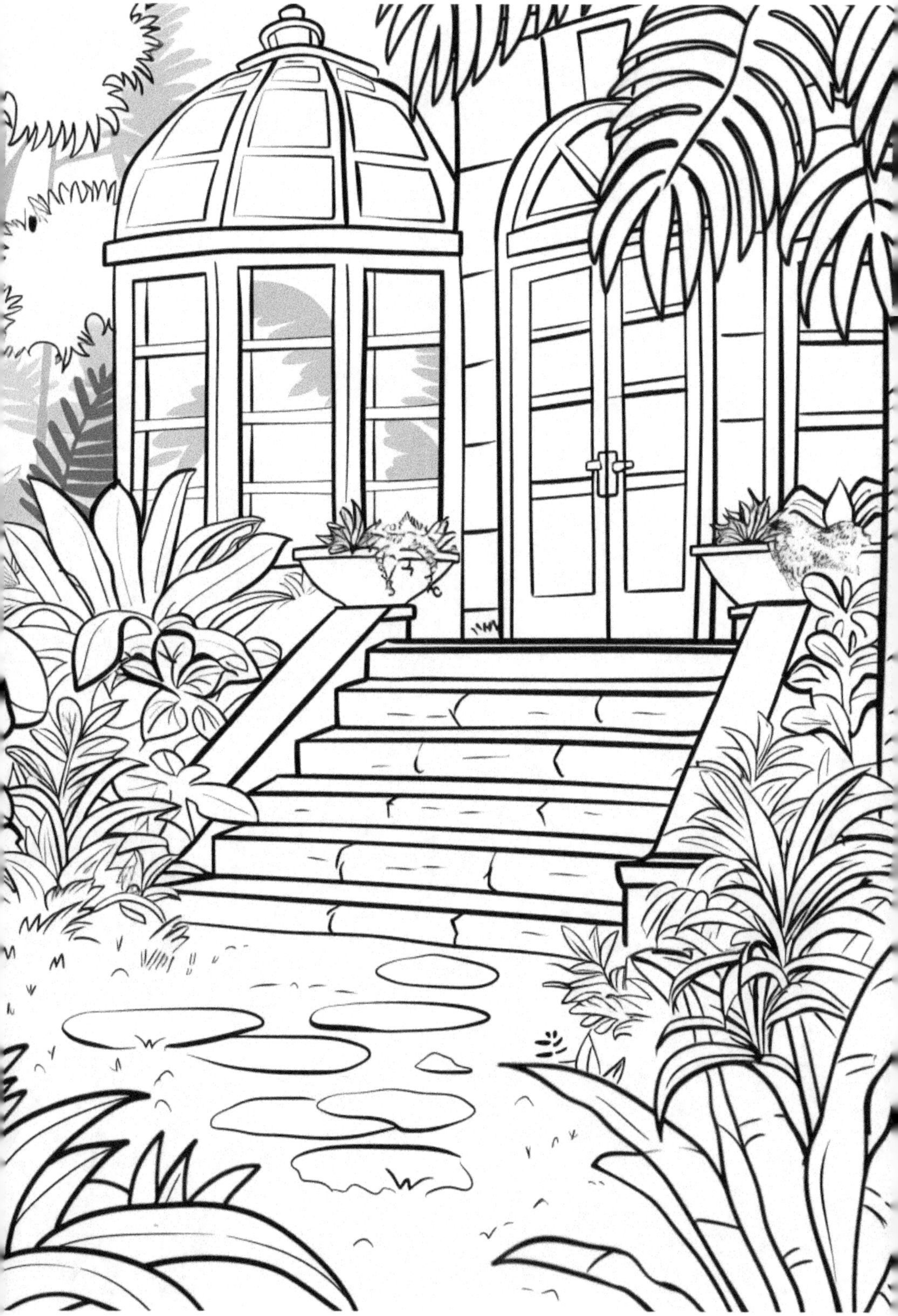

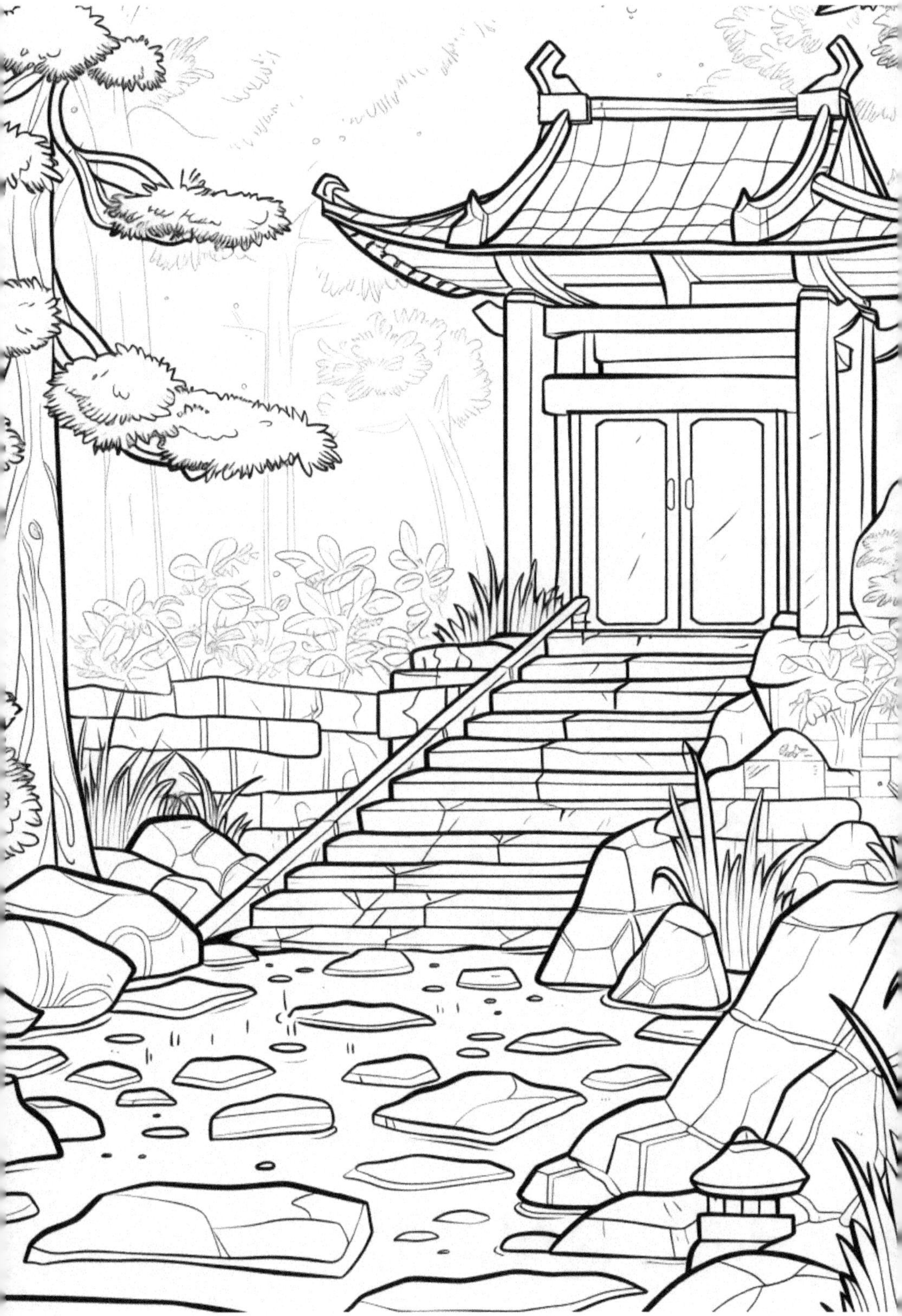

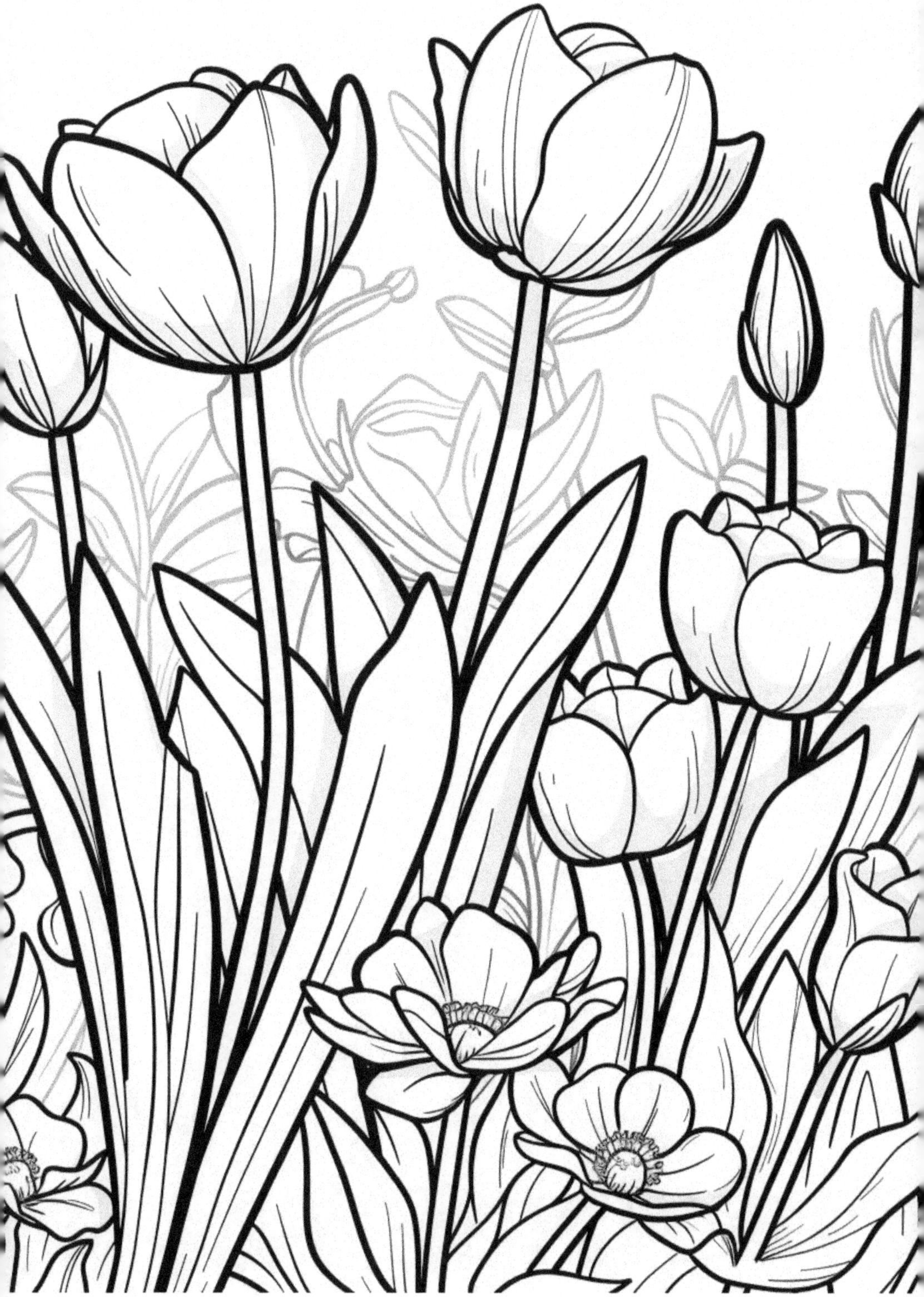

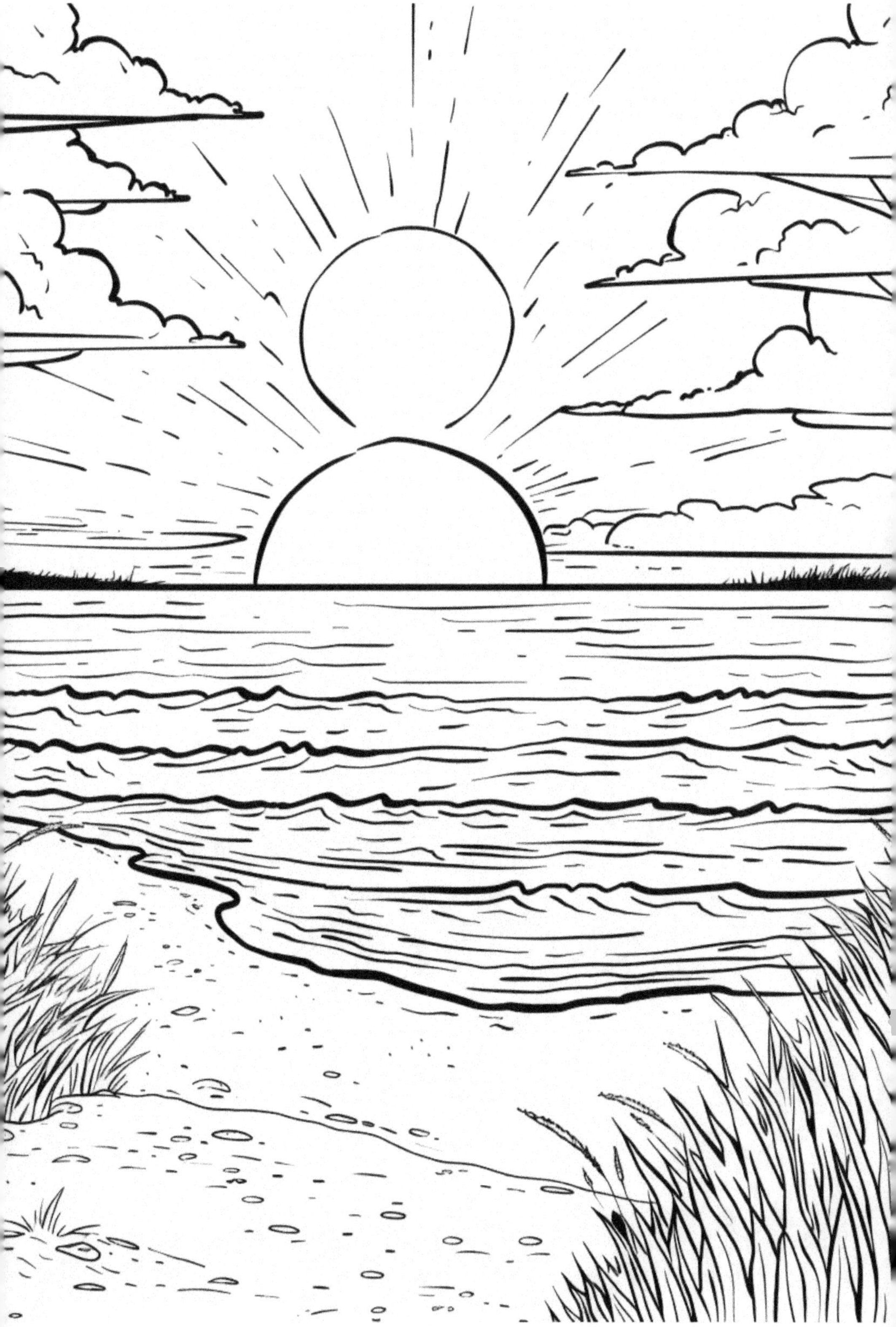

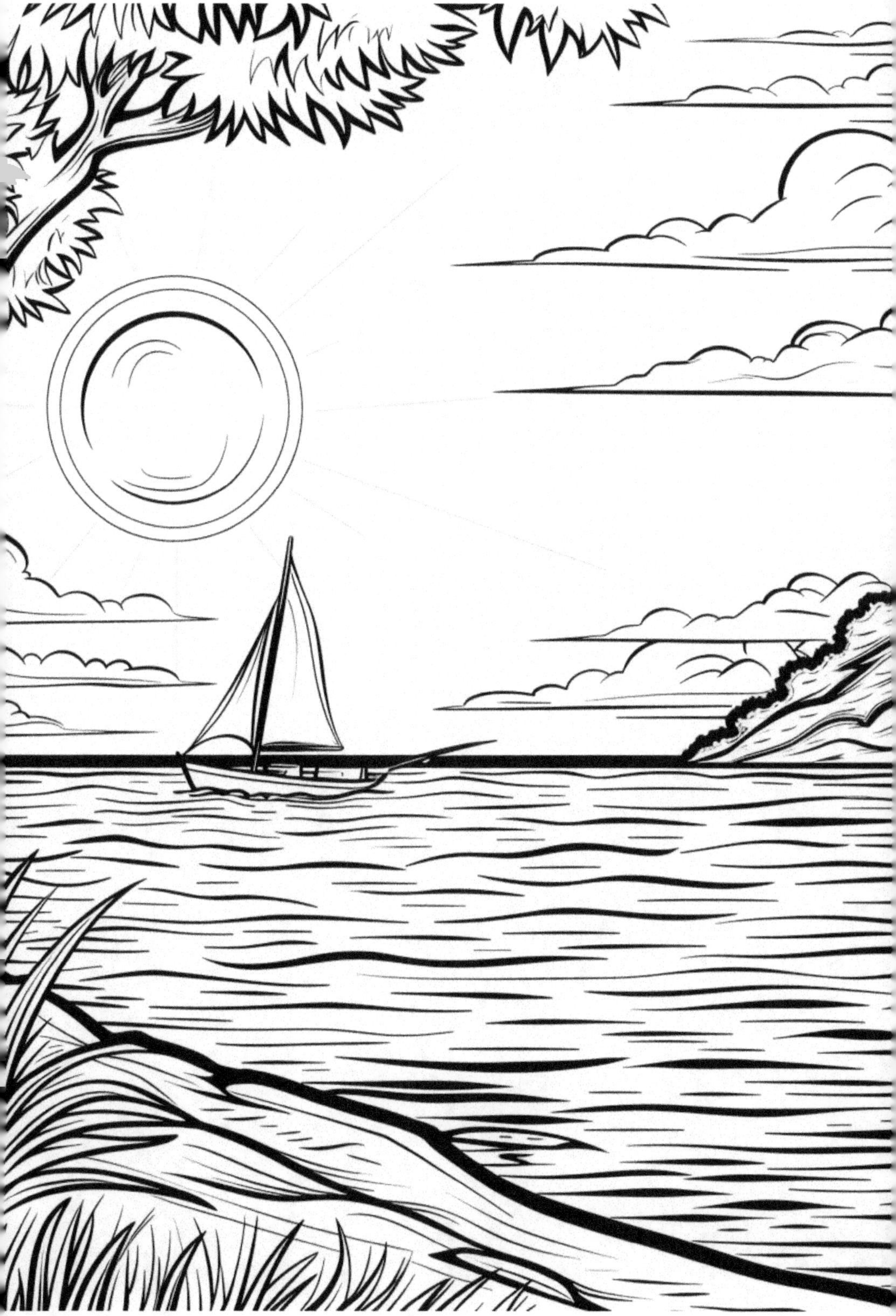

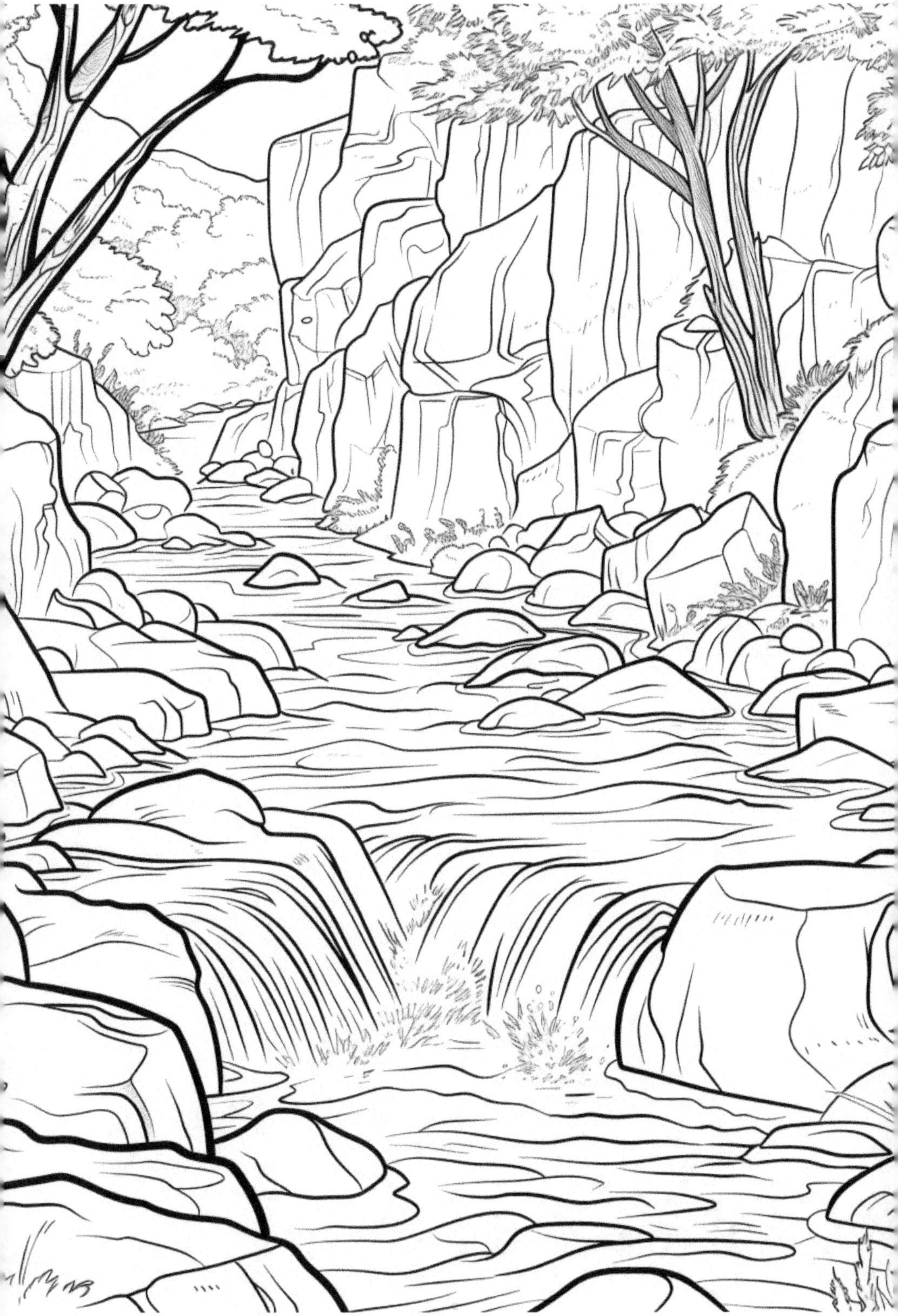

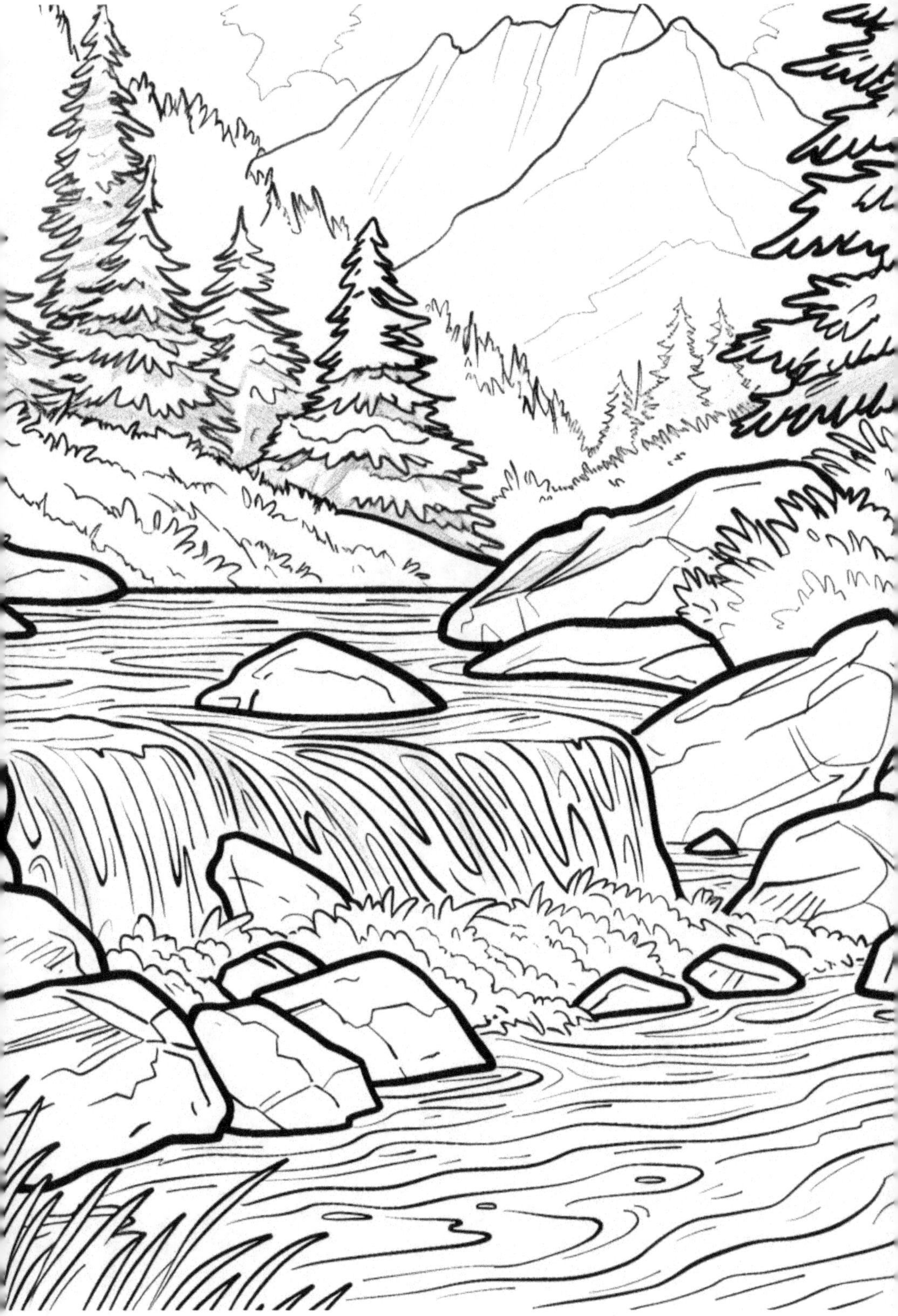

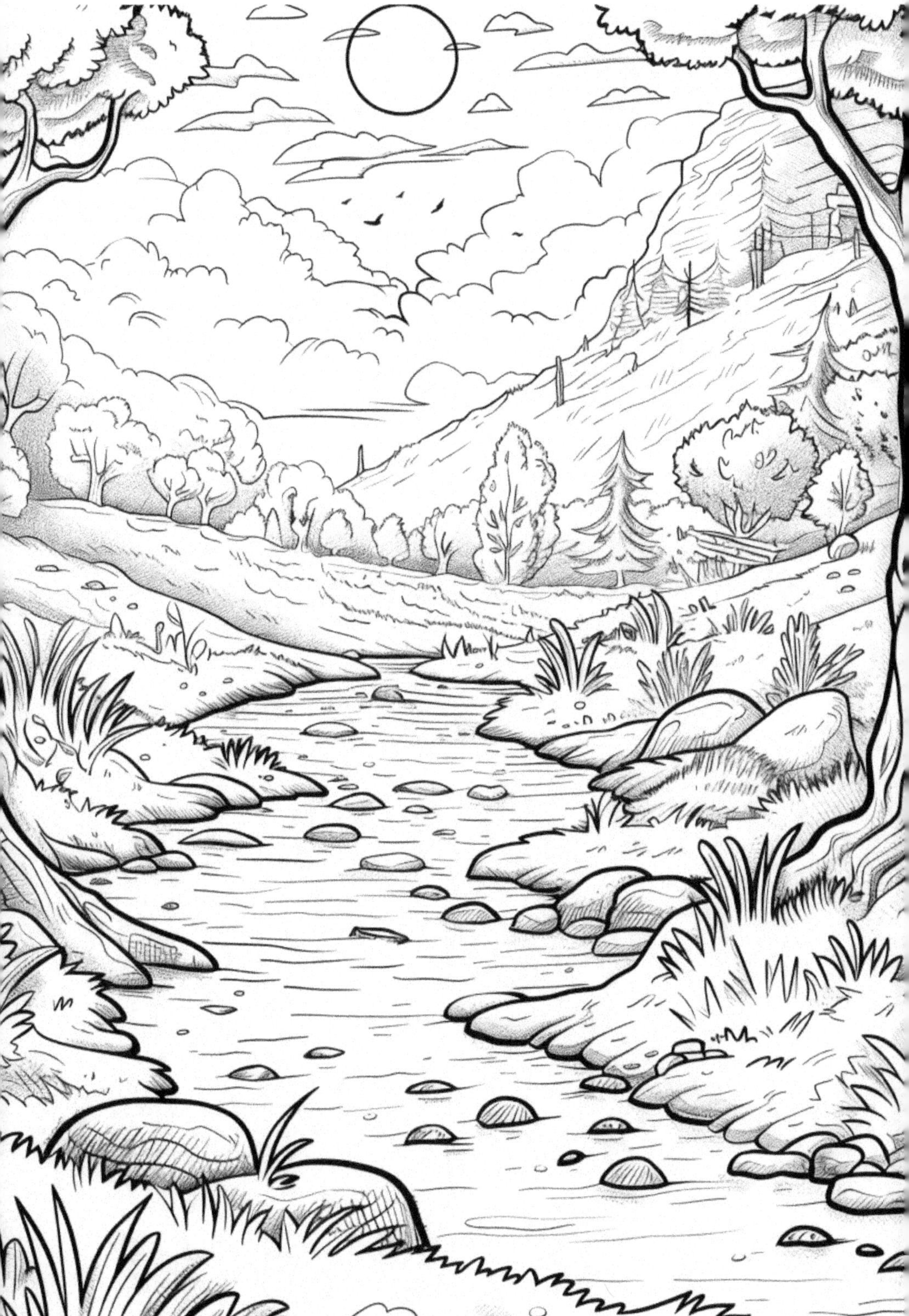

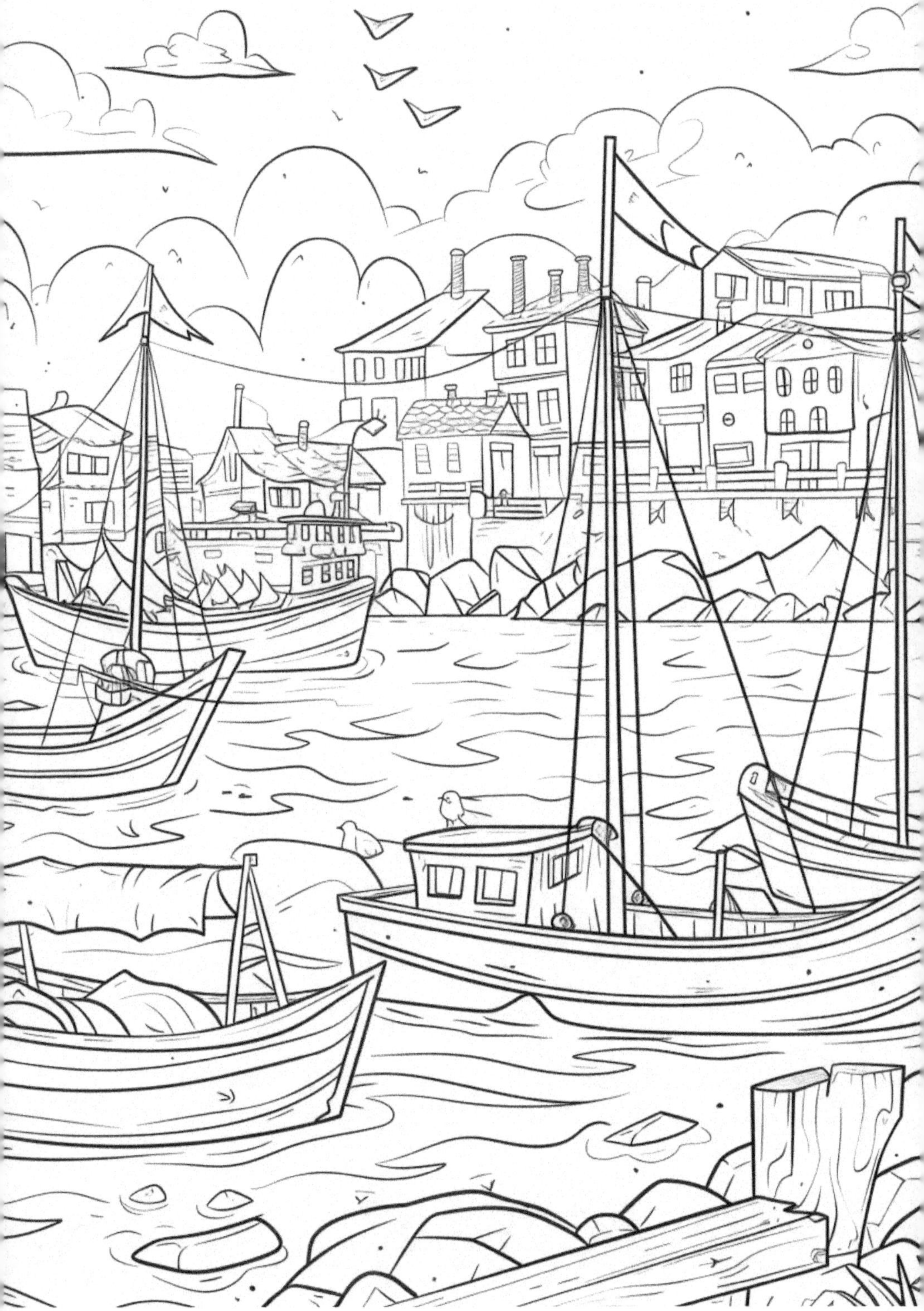

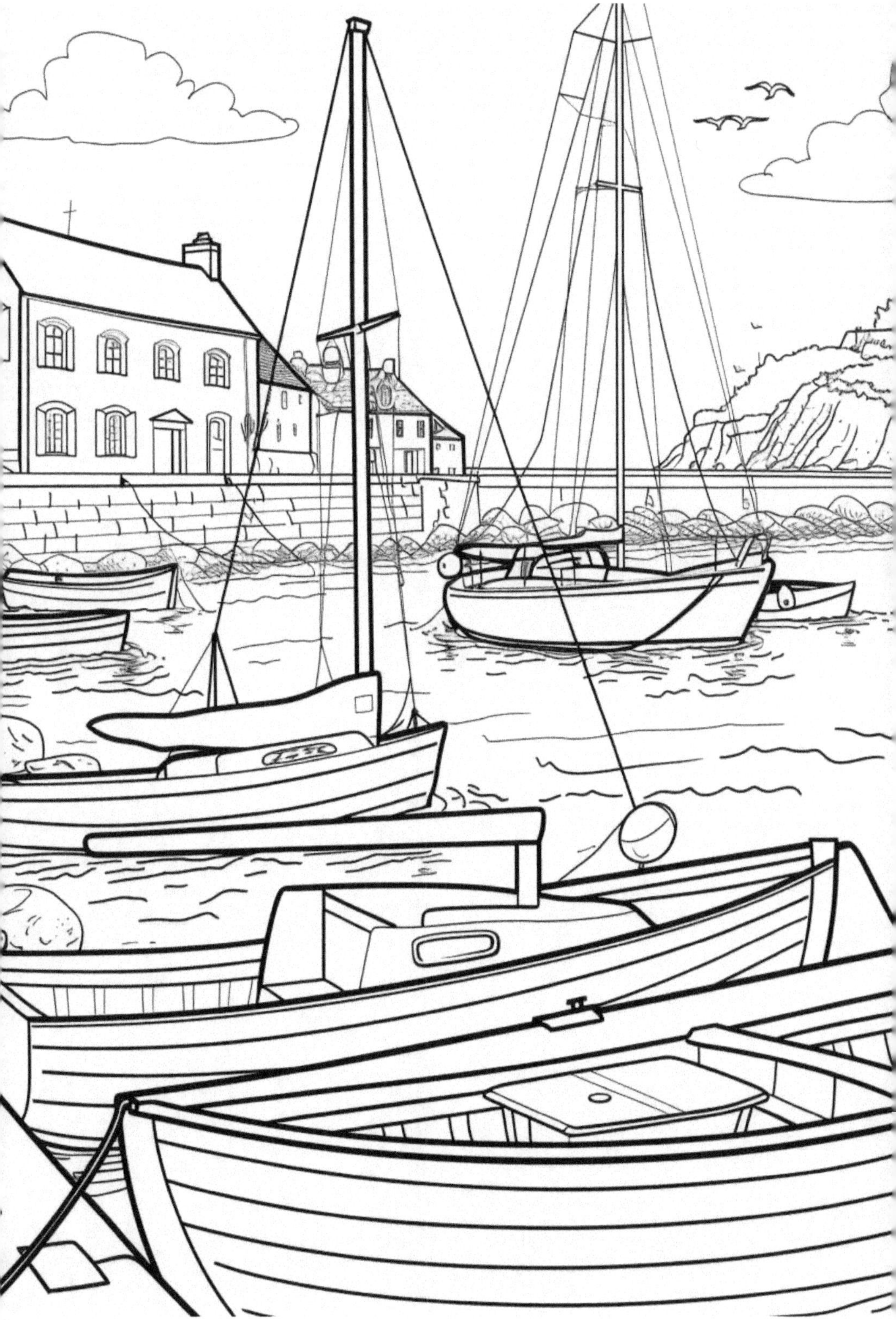

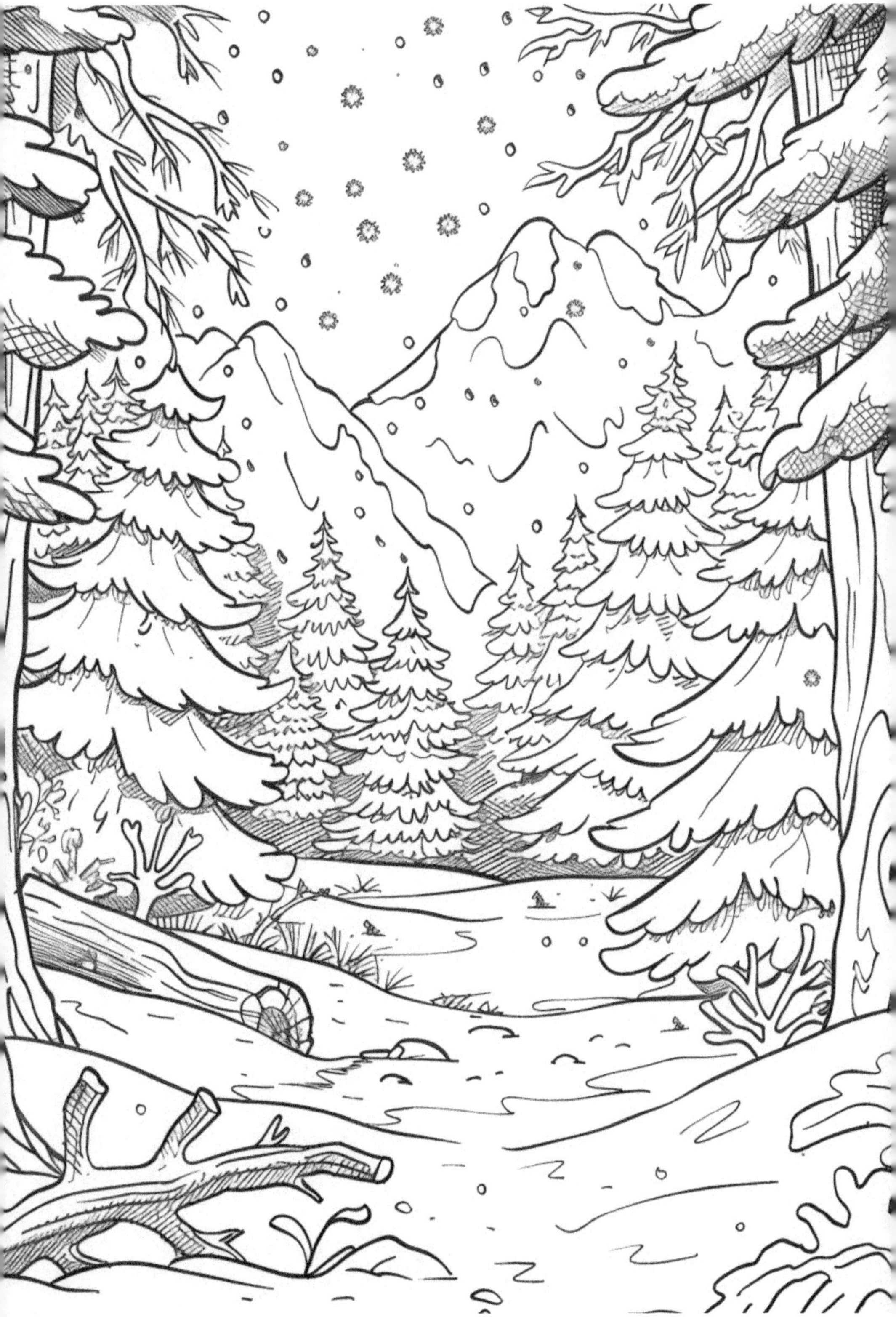

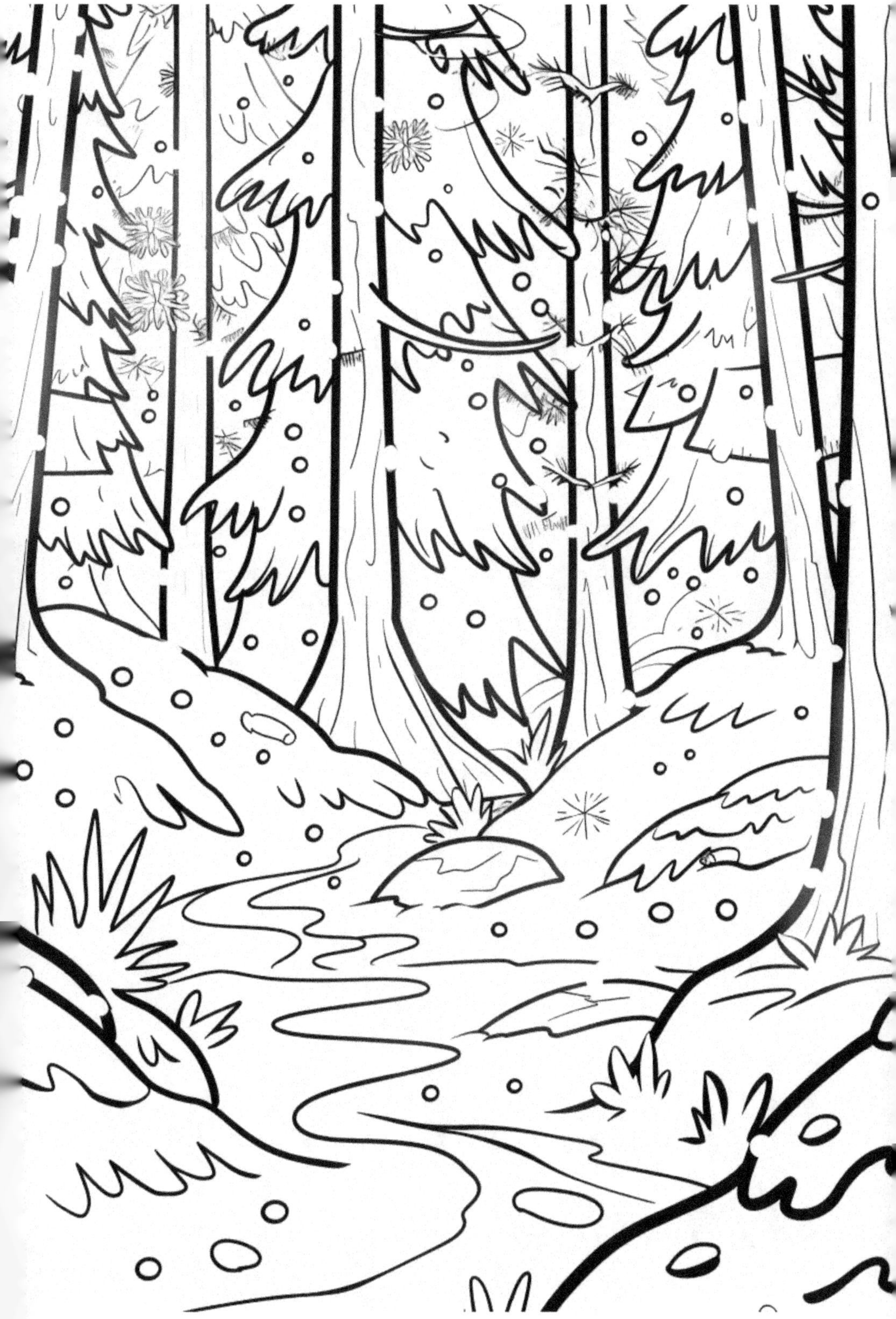

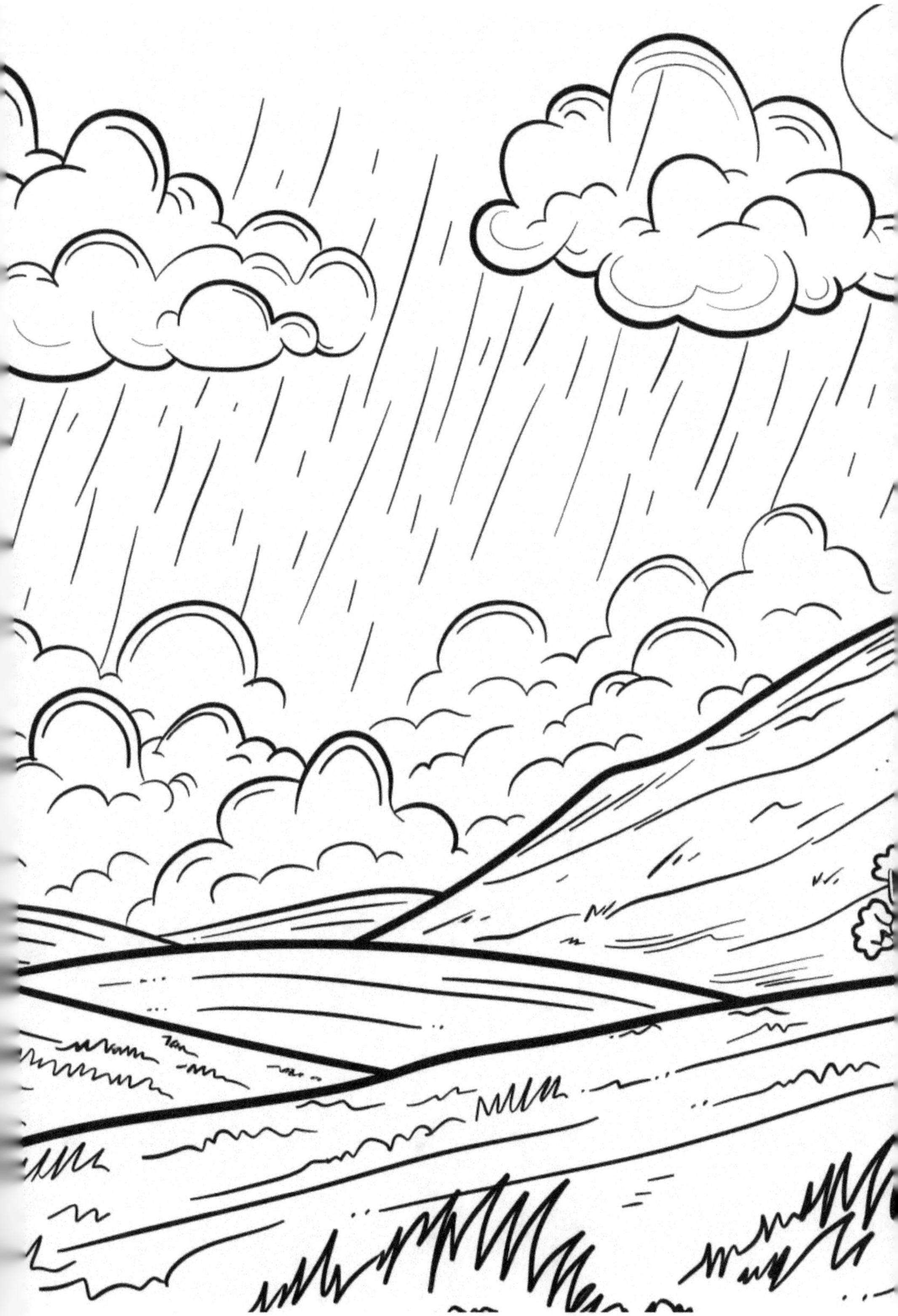

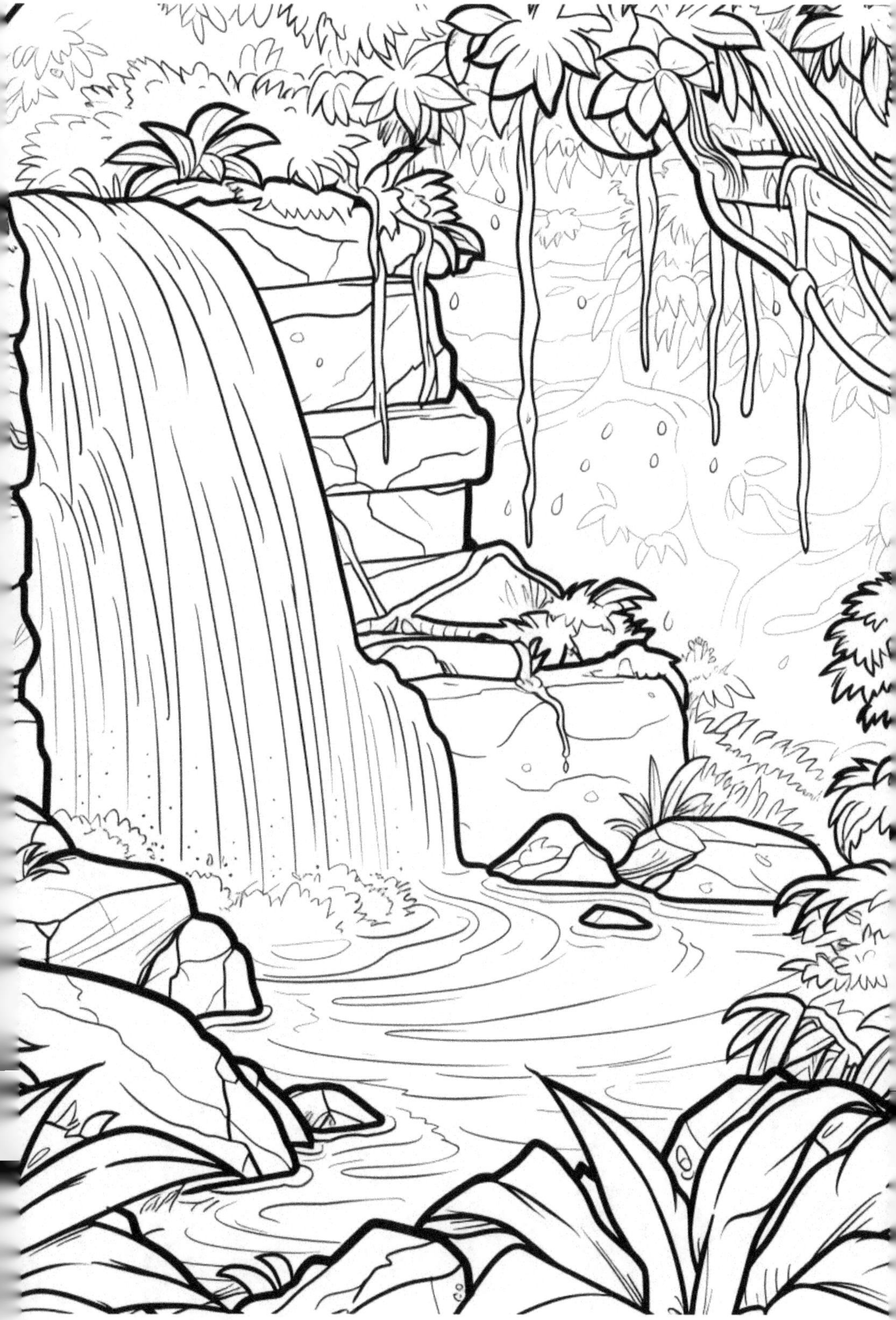

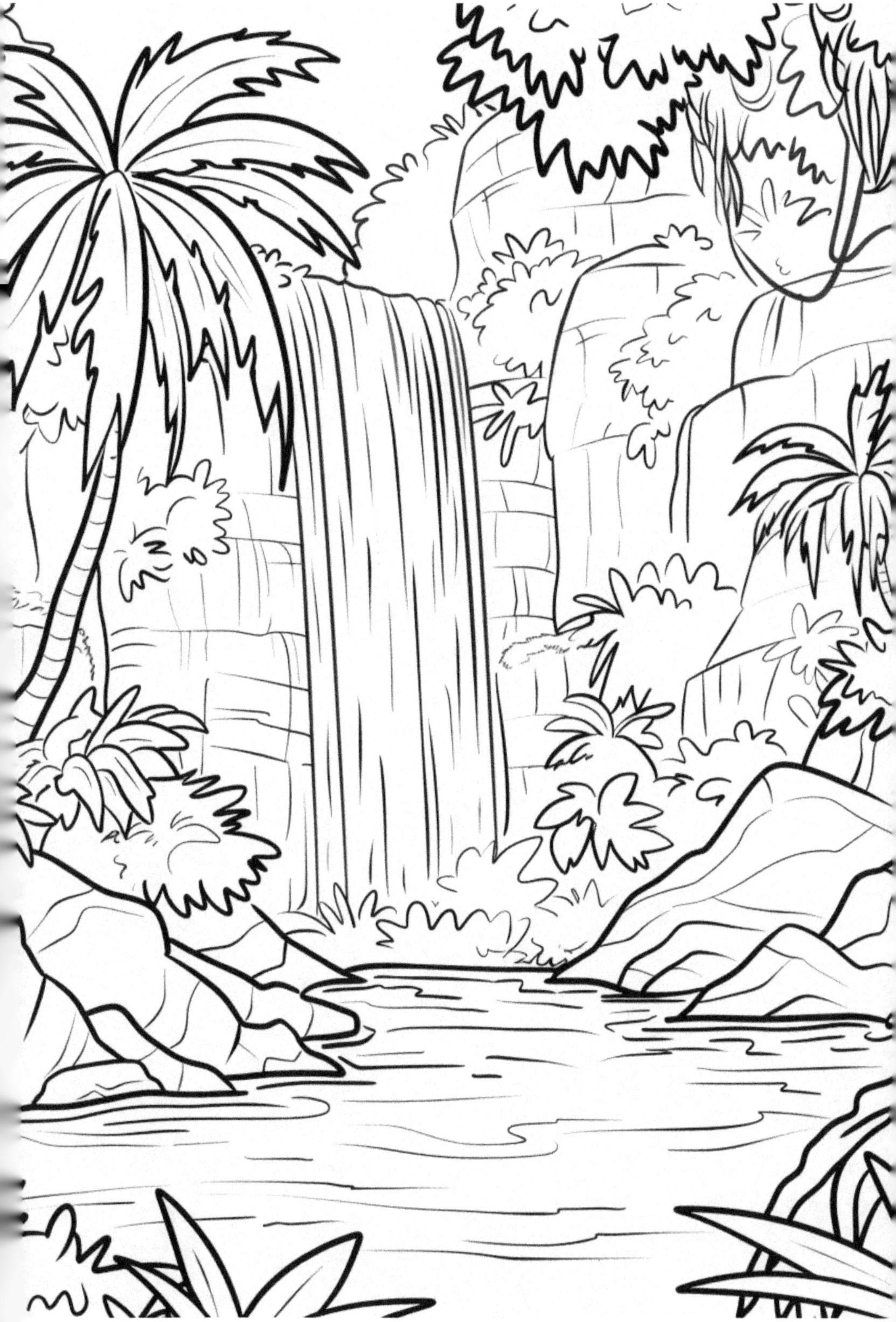

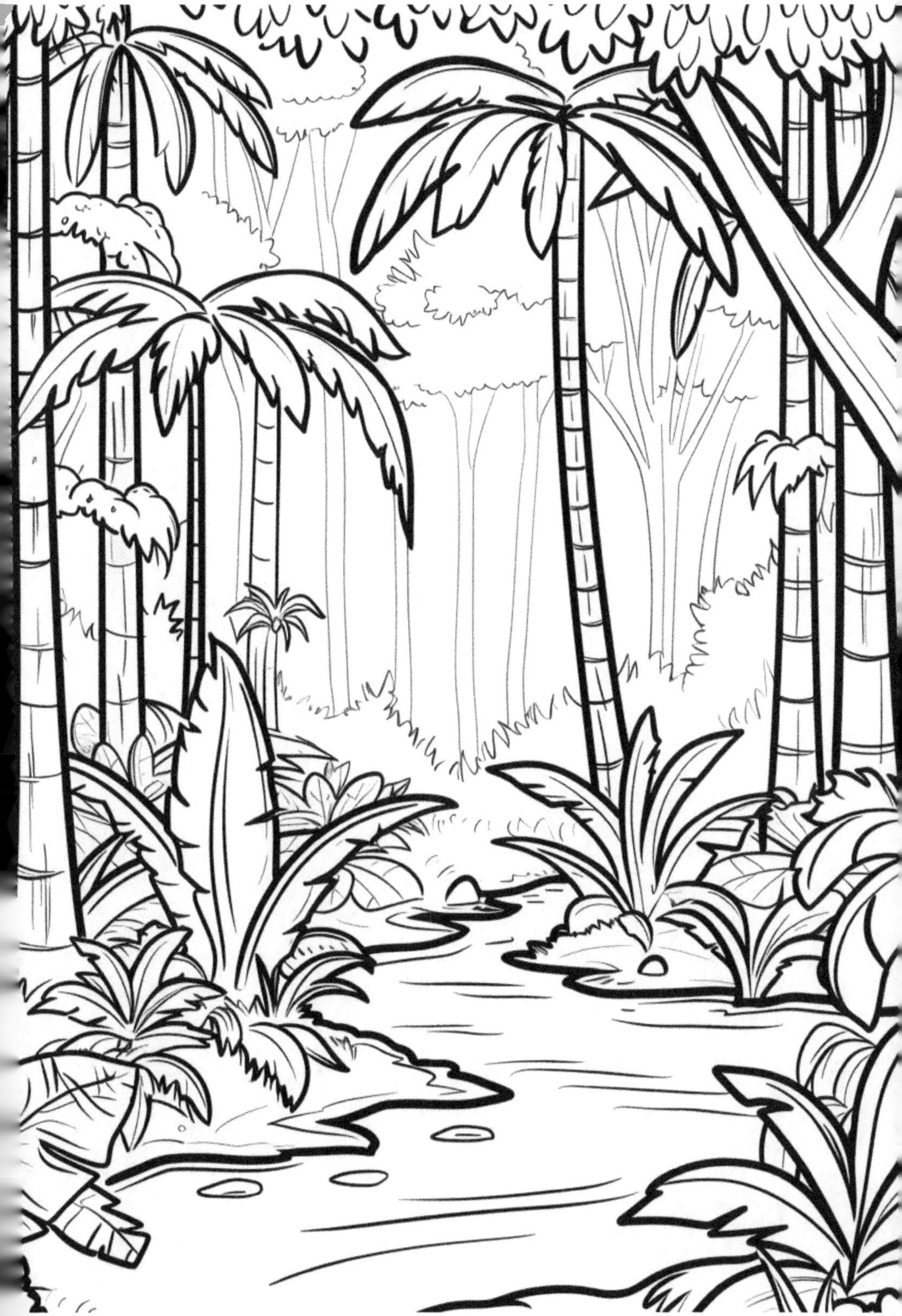

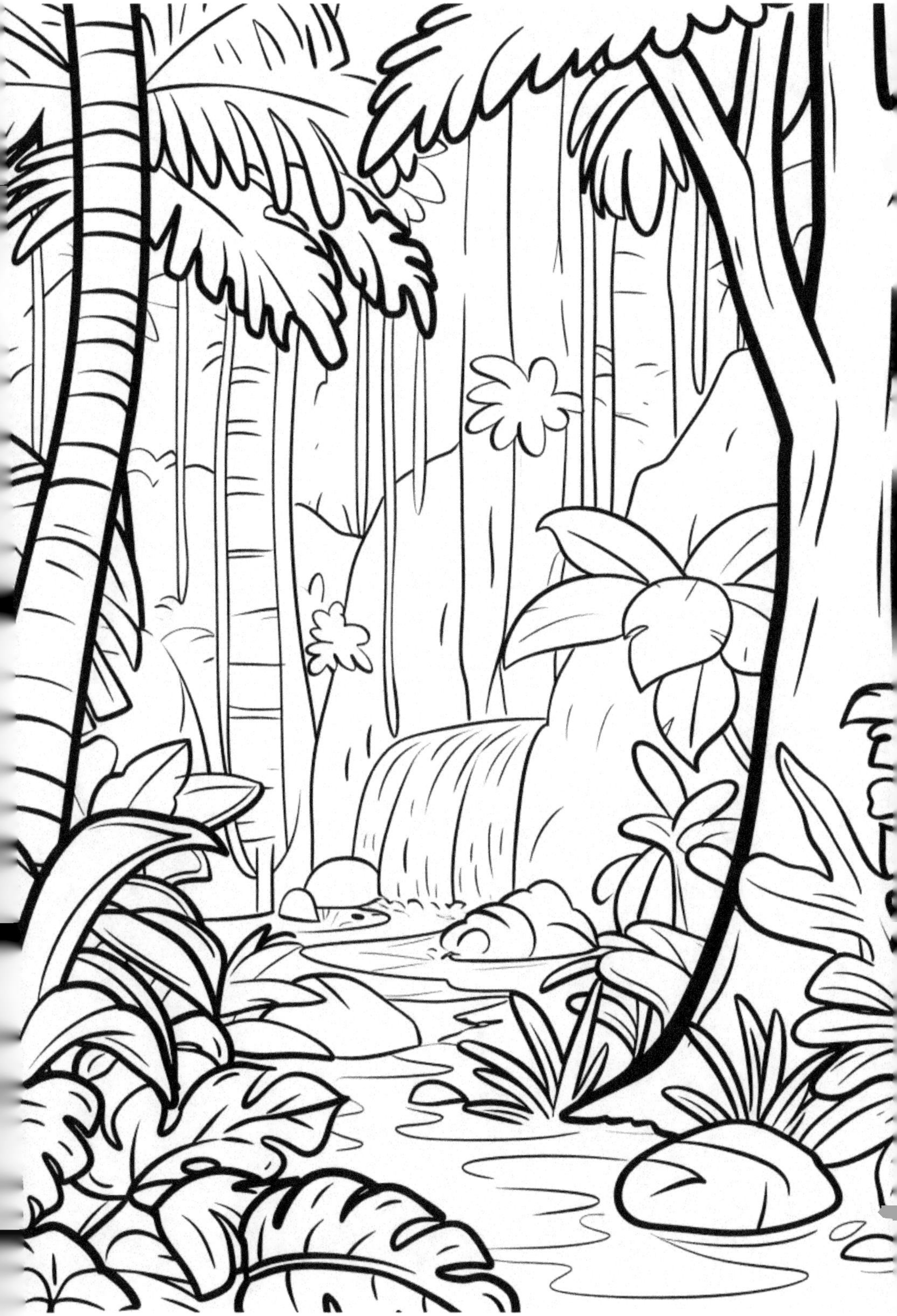

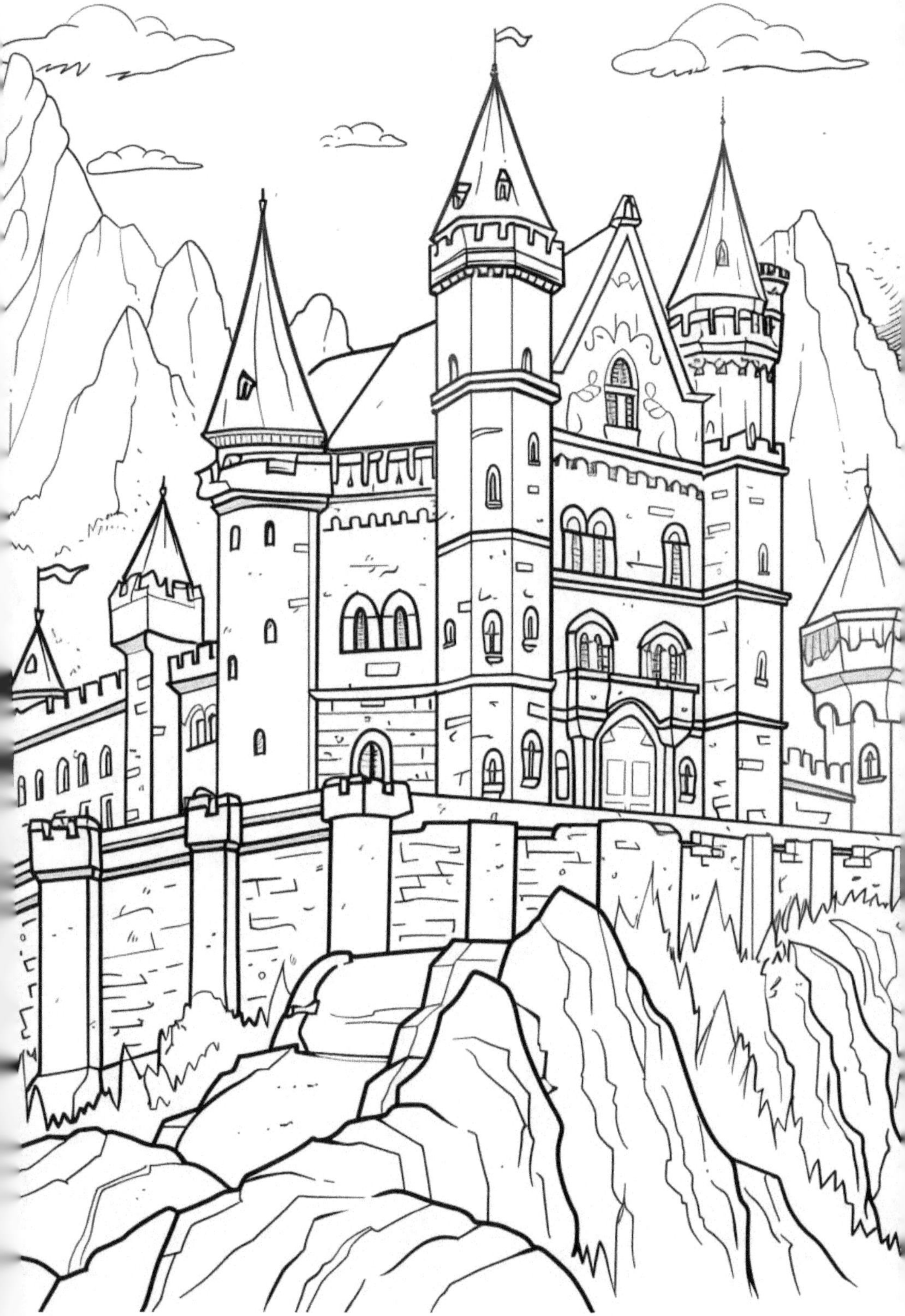

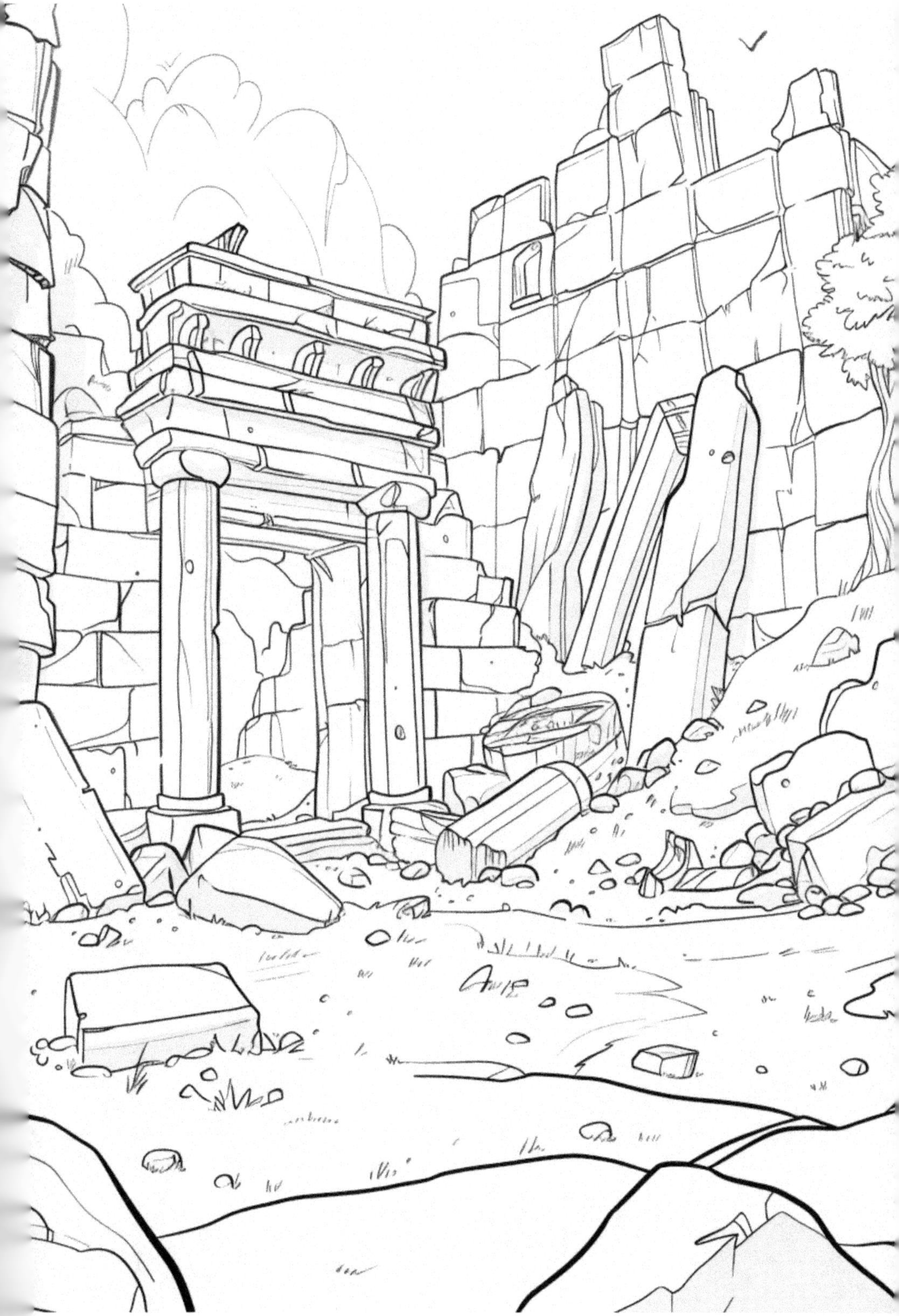

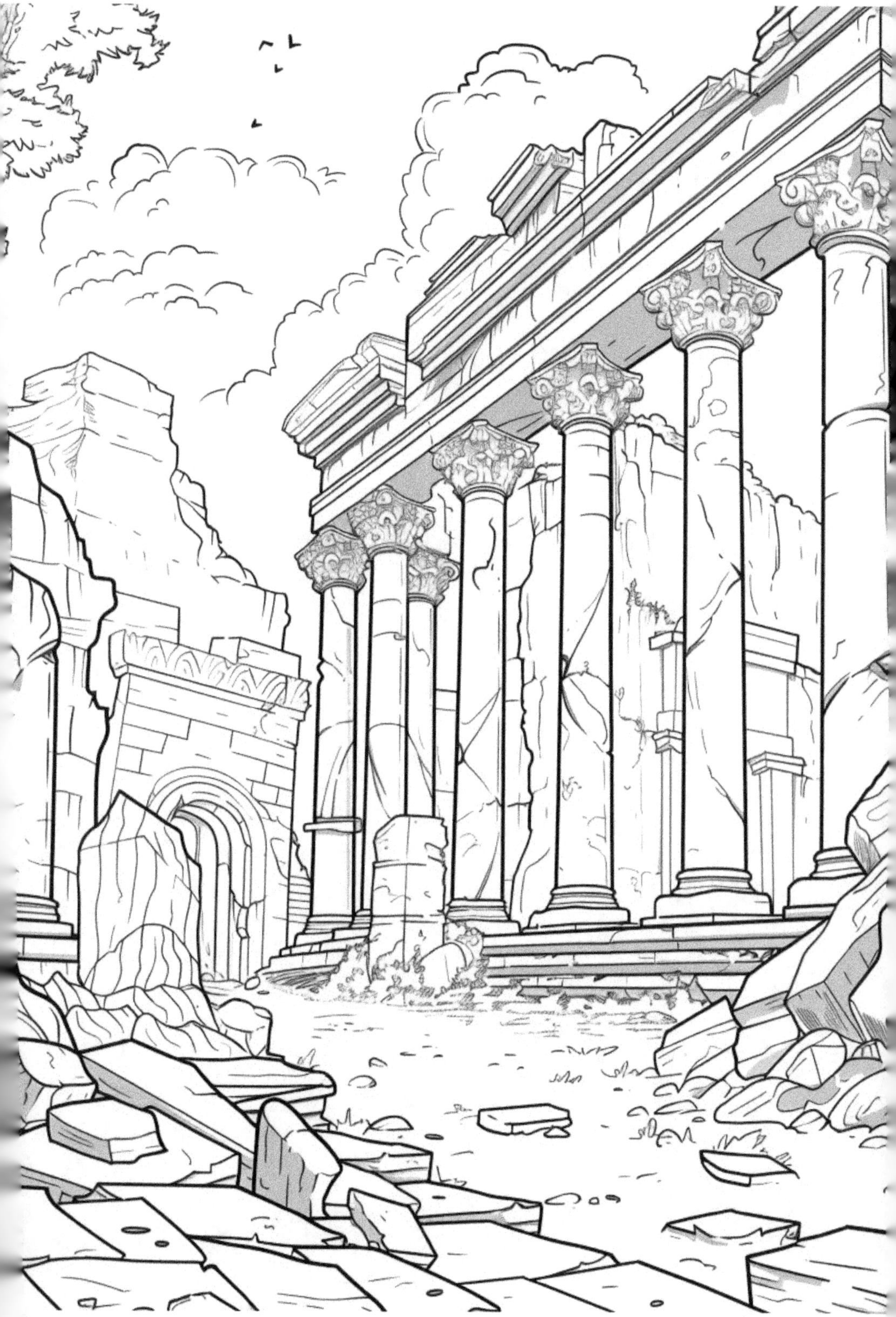

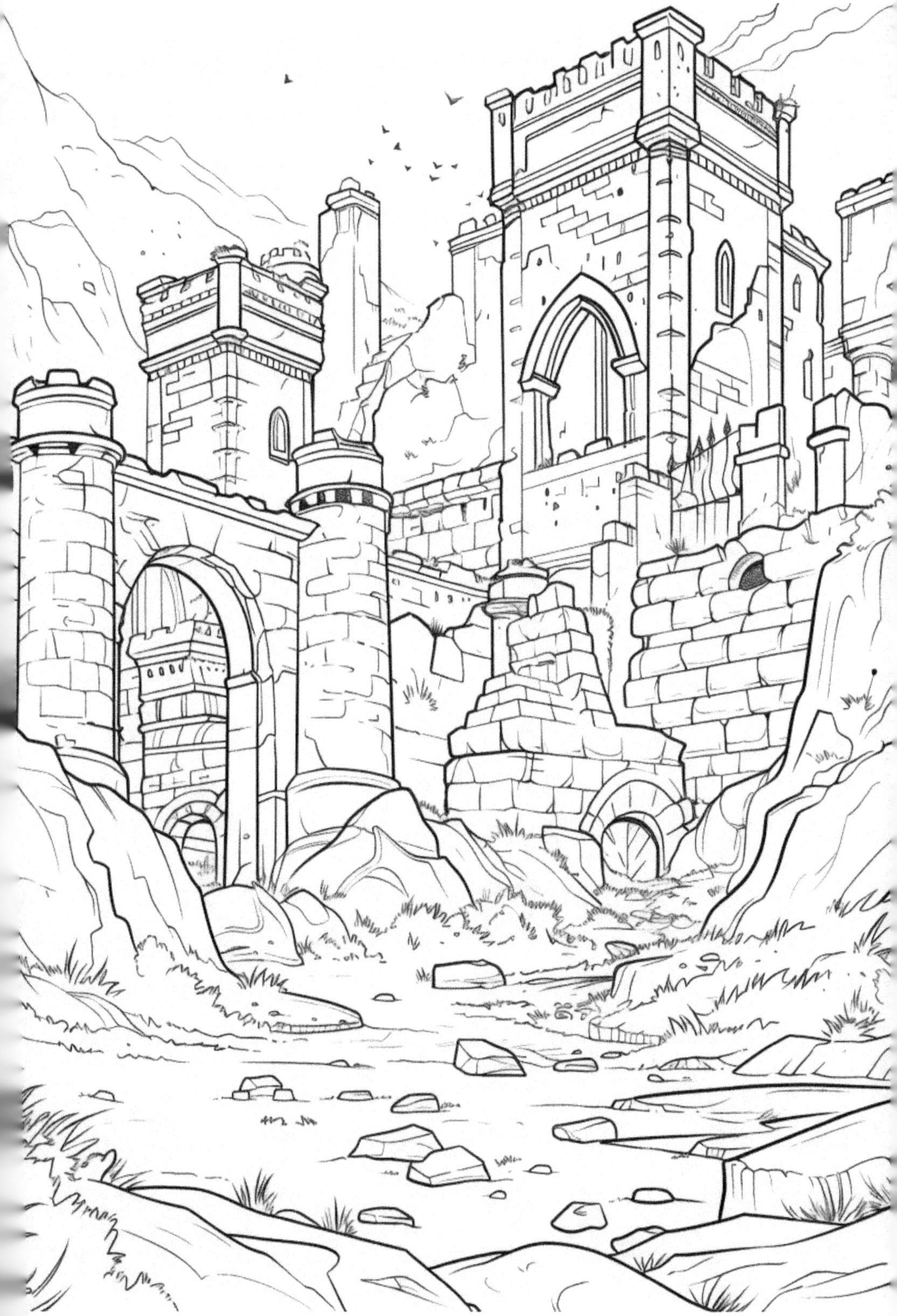

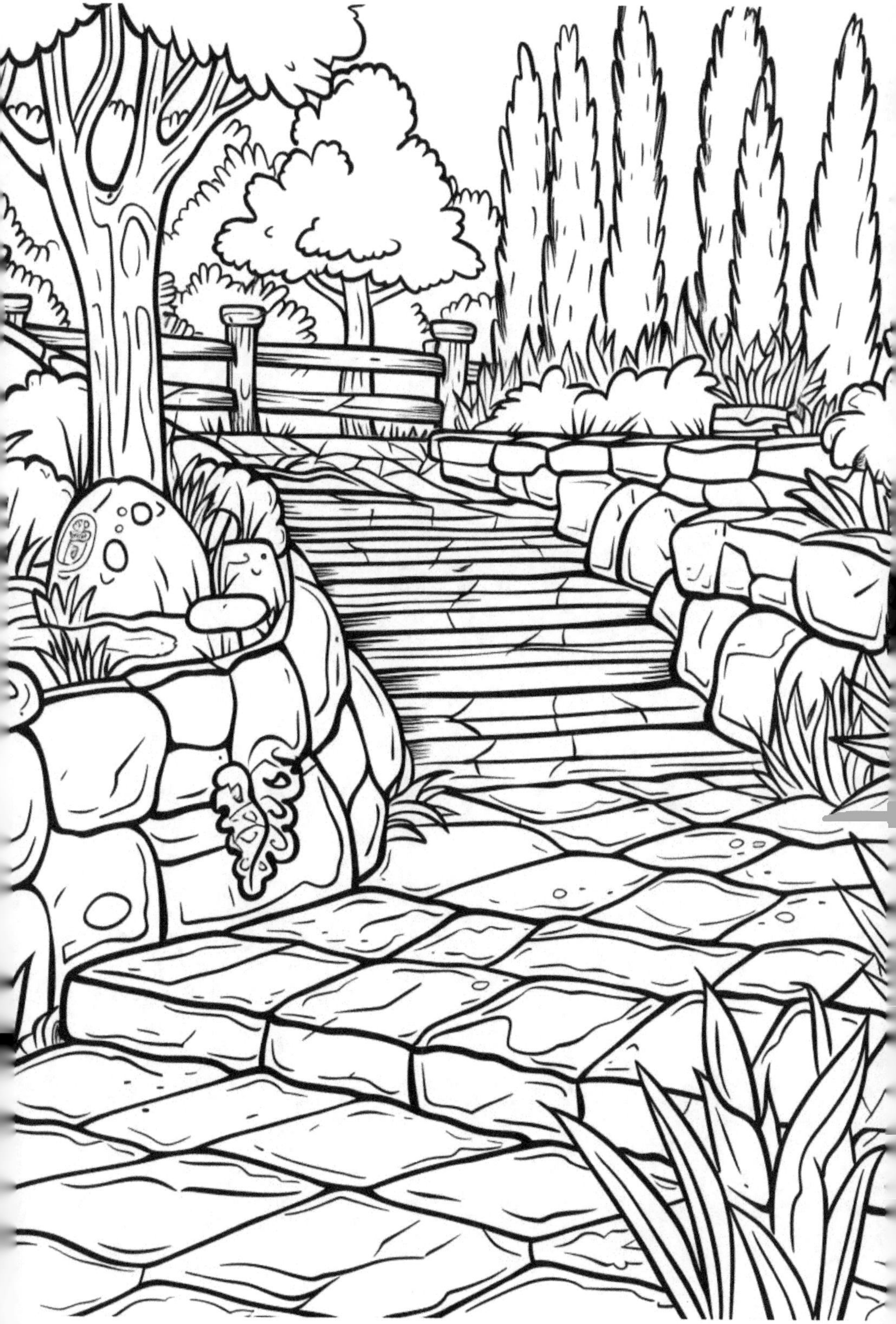

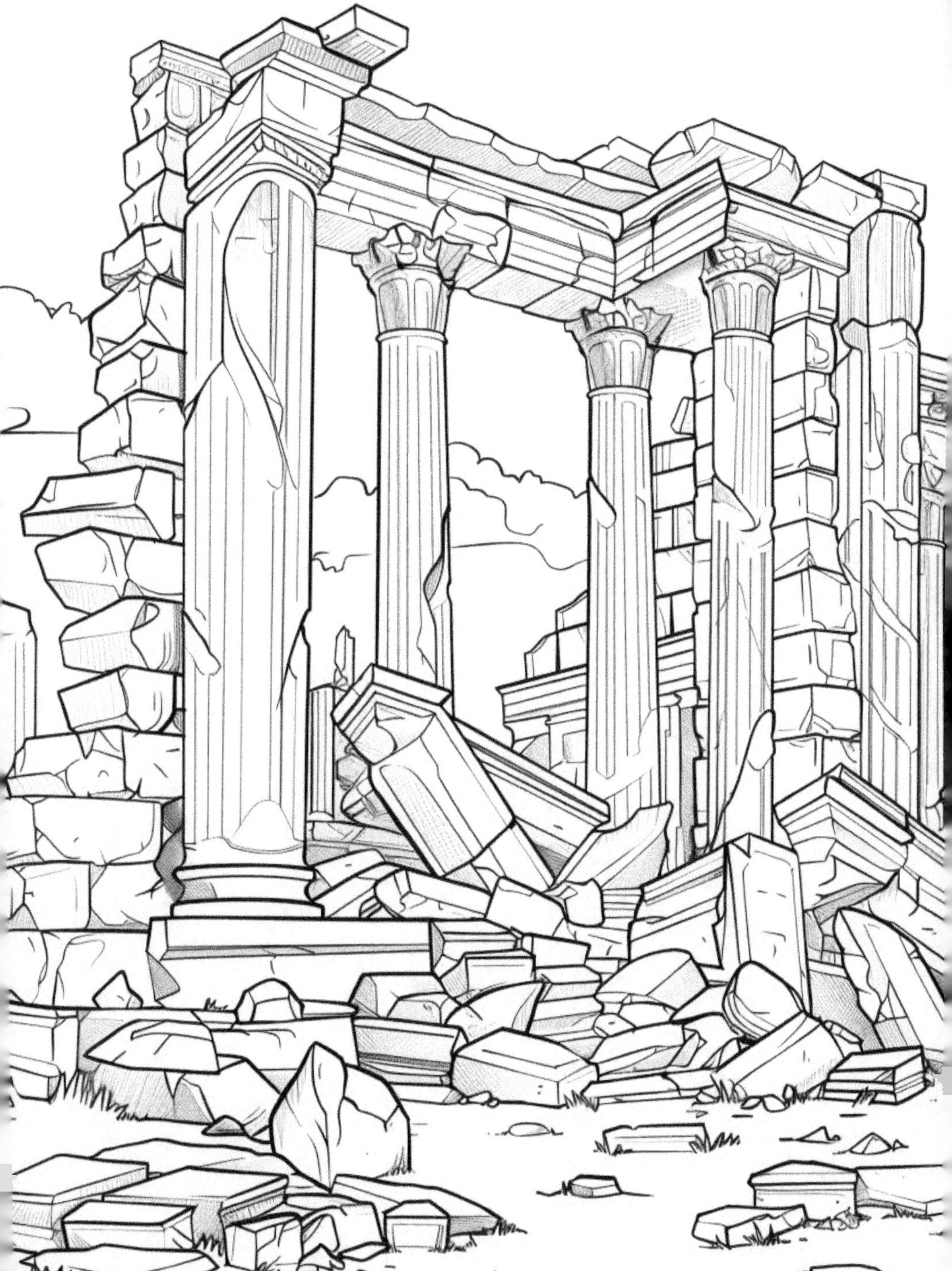

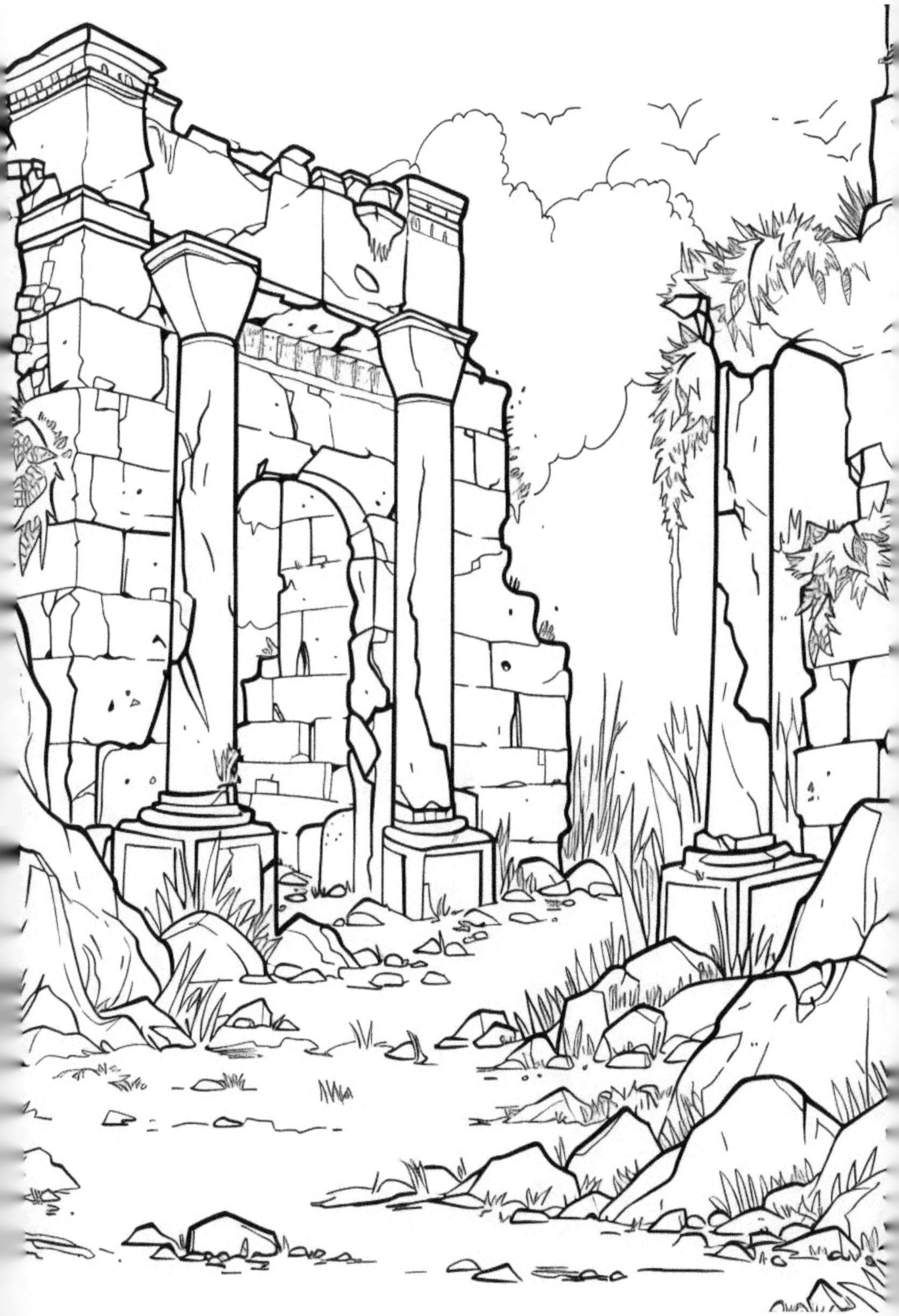

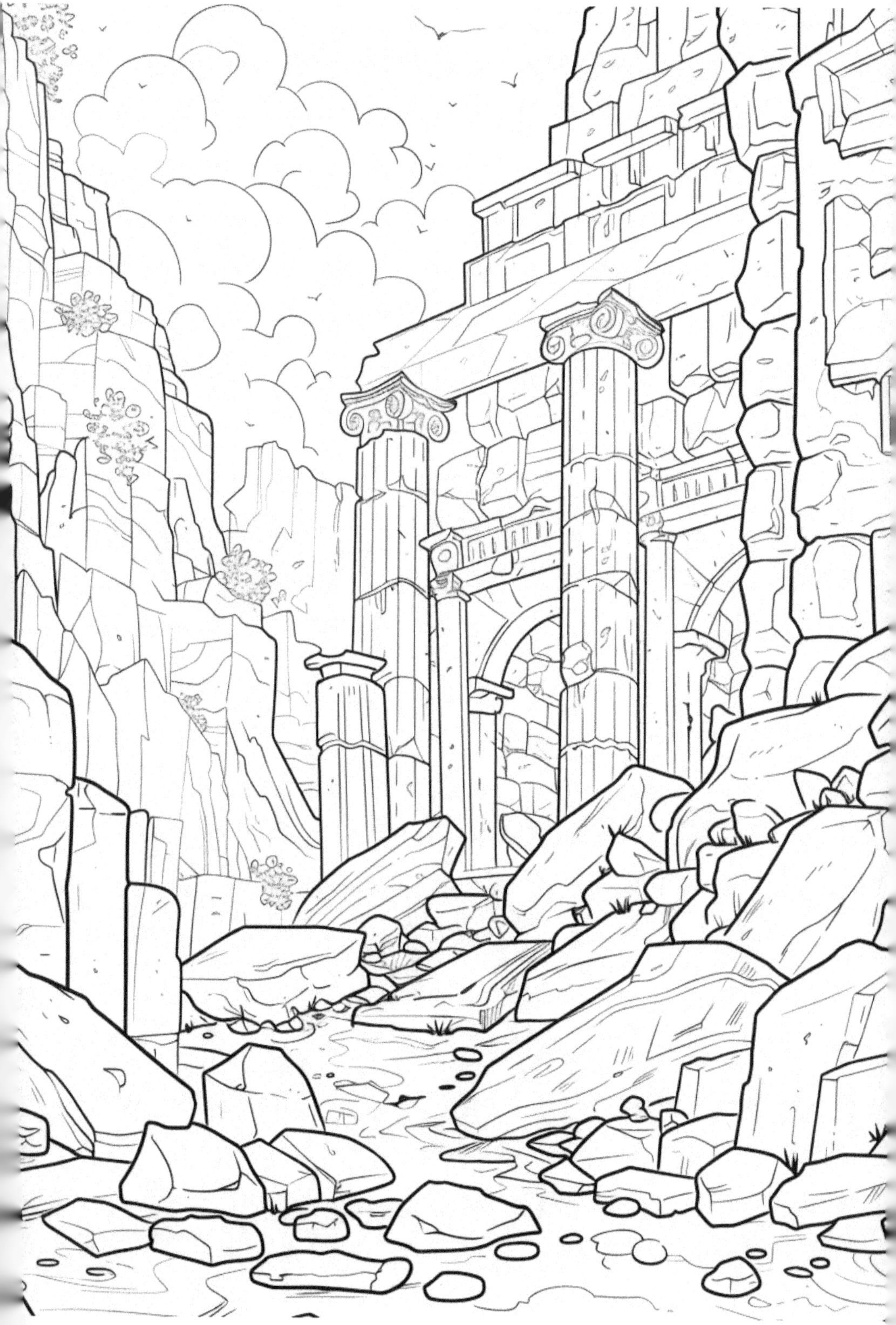

www.ingramcontent.com/pod-product-compliance
Lightning Source LLC
Chambersburg PA
CBHW070408230526
45471CB00006B/2707
* 9 7 9 8 3 2 0 4 1 5 4 7 5 *